Petra Balzer, Andreas Reimar

KURVENFIEBER OBERBAYERN

Die schönsten Motorradtouren mit GPS-Tracks zum Download
Die Besten der Region: **Unterkünfte und Biker-Treffs**
Von Bikern für Biker: Top-Tipps und Einkehrmöglichkeiten

BRUCKMANN

INHALT

DIE TOUREN

So typisch: farbenfrohe Lüftlmalerei in Bad Tölz

Wir haben die Wahl: Ob on- oder offroad – es gibt viel zu entdecken.

DEM HIMMEL GANZ NAH

Motorradtouren in Oberbayern führen schnell einmal hoch hinaus. Einige der höchsten Passstraßen Deutschlands finden sich in dieser Region, und wenn man den Sattel kurz verlässt, um in die Seilbahn zu steigen, befindet man sich nach nicht einmal einer Viertelstunde Fahrzeit auf Deutschlands höchstem Gipfel, der Zugspitze.

Doch sollte man sich vom Klischee der alpinen Landschaft nicht täuschen lassen. Der flächenmäßig größte Teil Oberbayerns ist welliges Hügelland. Und gerade hier, abseits der international bekannten Sehenswürdigkeiten, finden sich fahrerisch besonders interessante Strecken.

Auch wenn Oberbayern als Heimat gleich mehrerer DAX-Konzerne und eines soliden Mittelstandes zu den wirtschaftlich starken Regionen Deutschlands zählt, ist die Landschaft weitgehend ländlich geprägt. Weitläufige Wiesen und ausgedehnte Waldflächen begleiten den Reisenden auf den in diesem Buch beschriebenen Touren. Und nicht zu vergessen die unzähligen Seen, die nach langen Touren an heißen Tagen angenehme Erfrischung bieten. Innere Kühlung finden erschöpfte Motorradreisende in den zahllosen Biergärten.

Kulturell Interessierte kommen ebenfalls auf ihre Kosten. Nicht nur dass historische Städte, Burgen und die zahlreichen Barockkirchen zu einer Zeitreise einladen, auch eine Vielzahl an Museen vom Berchtesgadener Schaubergwerk über mehrere Bauernhofmuseen bis hin zum Deutschen Museum in München liefern Input für den Kopf.

Doch ganz gleich, wo man mit dem Motorrad in Oberbayern unterwegs ist: Die Berge sind so gut wie immer in Sichtweite und der typische weiß-blaue Himmel strahlt – fast immer – über dem ganzen Land.

LAND UND LEUTE

Abstand halten: Auf Mopedsound reagieren Bayerns »Ureinwohner« sehr unterschiedlich.

LAND UND LEUTE

Laptop und Lederhose – so banal der von einem ehemaligen bayerischen Ministerpräsidenten geprägte Slogan auch klingen mag: Er trifft die Realität ziemlich gut. Gerade in der Metropole München bilden Hightech und weltoffene Bodenständigkeit eine Synthese, die viel zur Anziehungskraft Bayerns beiträgt.

Bayern ist ein stattliches Land und in seiner kernigen Vielfalt einzigartig: grandiose Bergwelt, anmutiges Voralpenland mit charakteristischen Flüssen und einladenden Seen, welligen Hügeln und weiten Ebenen. Dazu Städte und Stätten voller Kunst und Kultur. Man muss Bayern einfach lieben, seinen Charme und die barocke Fülle seiner Natur.

Die bayerischen Seen sind Orte des Gemüts und gehören zu den begehrtesten Plätzen dieser Welt – die glitzernden Gewässer sind zum Sterben schön, so wie der Starnberger See, in dem der Märchenkönig Ludwig II. sein tragisches Ende fand. Mehr als 20 Millionen Menschen strömen alljährlich in den Süden der Republik, der mit Neuschwanstein, dem Oktoberfest, Brezn, Weißwurst und München lockt.

Weites grünes Land: unser Tourengebiet

Berge voller Mountainbiker, Motorräder auf den Alpenstraßen, und wo der Wildbach rauscht, da schweben durch den weiß-blauen Himmel Paraglider, die die Rafter aus der perfekt inszenierten Wildnis von unten betrachten. Andernorts fliegen die Golfbälle durch die Luft oder jodeln die Preißn beim Trekking in den Alpen. Getrost kann der Bayer behaupten, dass sein Land das größte Outdoor-Zentrum Deutschlands ist, und immer wieder wirbt das Land mit seinen

Das macht Laune: Sonnen- und Aussichtsbänke finden sich zuhauf.

trinkfesten Menschen, die das Brauchtum noch pflegen. Geranien leuchten, beschaulich bimmeln die Zwiebeltürme und die rehbraunen Rindviecher machen das trügerische Bild einer harmonischen bayerischen Welt perfekt. Ab und zu gibt es aber auch Katastrophen, z. B. wenn eine Feuerkugel im Nördlinger Ries einschlägt oder der bayerische Wald von einer Käferart verschlungen wird.

DER BAYER UND DIE PREISSN

Das Land erschöpft sich allerdings nicht in idyllischen Klischees – und wenn Sie dem Volk aufs Maul schauen und die Augen aufmachen, erfahren Sie noch mehr von der faszinierenden Gegensätzlichkeit und den unterschiedlichen Facetten des Zusammenlebens: »Hier verunglückte ein Bayer und ein Preiß! Für den Bayern bete, o Wandersmann – der Preiß geht dich an Scheißdreck an«, ist in der Jachenau als Marterl-Inschrift zu lesen.

Ein großes Mysterium ist für all jene, die oberhalb des »Weißwurstäquators« leben, die bayerische Seele. Grantig und bärbeißig, gemischt mit einer gehörigen Portion Selbstbewusstsein, so gibt sich der Bayer. Das drückt sich aus im »Mia san mia!« und erklärt vielleicht auch den ewigen Drang des Bayern, sich von allem Fremden abzusetzen. Besonders

Weltlicher Genuss: Nicht nur in Ettal weiß man Bier zu brauen.

zu leiden haben da die »Preißn« – ein Feindbild, das nicht näher bestimmt ist, aber mit Eifer gepflegt wird. Sakrisch fuchsen vor allem die Preißn, die Weiß-Blau stur für Blau-Weiß halten und wegen der für die Folklore wichtigen Kuhglocken zum nächsten Kadi rennen, weil sie das Gedröhn stört.

Das ist ein Schmarrn und da weiß sich der Bayer zu retten, denn wer traditionell an der Spitze ist – von Weißbier bis Hightech und Papsttreue –, dem kann man nichts. Echte Bajuwaren genießen ihr Dasein als selbstbewusste Exoten, denn im Zeitalter galoppierender Trends sind sie Originale und bleiben sich auch treu. Ein gestandener Bayer, der etwas auf sich hält, trägt seine »Krachlederne« (Lederhose) und ein Charivari. Dies ist eine silberne Trachtenkette mit zahlreichen hübschen Schmuckstücken, meist kleinen Jagdtrophäen. Sie ziert den stattlichen Leib seines Trägers. Die traditionelle Bayerin steht dem Mann in nichts nach und trägt zu allen Anlässen ihr Dirndl, das ihr aber eigentlich nur dann steht, wenn sie auch »Holz vor der Hüttn hat«! Überhaupt ist der Bayer Sinnbild eines barocken Lebensstils und die deftige Küche tut ihr Übriges.

BIERGÄRTEN – OASEN BAYERISCHEN GLÜCKS

Die urigen Gasthöfe und Biergärten gelten als Oasen bayerischen Glücks. Lüftlmalereien, Schnitzereien und üppiger

Blumenschmuck auf den Balkonen zeugen vom Sinn fürs Schöne. Die Biergärten haben ihren Ursprung in den Lagerkellern, die die Brauereien zur Nachgärung ihres Biers anlegten. Damit der Gerstensaft im Sommer schön kühl blieb, pflanzte man über den Kellern Kastanienbäume, die Schatten spendeten – der Grundstein für die Biergärten war gelegt. Anfangs durfte kein Essen an die Gäste verkauft werden, und so brachten diese ihre Brotzeit selbst mit, eine Tradition, die bis heute besteht, auch wenn die Biergärten inzwischen eigene Verkaufsstände haben. Die Palette der Einkehrmöglichkeiten reicht vom urigen Bilderbuch-Landgasthof bis zu urbayerischen Biergärten, die alle zwingend zum bayerischen Leben gehören, und wer einen solchen in Bayern besucht, wird selten enttäuscht: Die Mannsbilder an der Schänke und die Bedienungen strengen sich mächtig an. Der bekannteste in München ist wohl der Biergarten am Chinesischen Turm – da gibt es keine Standesunterschiede: Die Nackerten vom Eisbach ziehen sich flugs was über und gesellen sich zu Punks, Bankern oder bayerischen Urtypen und helfen bei Obatzda und einer Maß mönchischem Bier – das Maß aller Dinge – die Welt zu verbessern.

Ebenso typisch: die Alpen immer im Spiegel

Dieses Klischee hat sich dank der Paulaner-Werbung auch bei den »Zuagroasten« bis in die letzte Hirnwindung festgesetzt. Den Wittelsbachern ist im Übrigen das bayerische Reinheitsgebot zu verdanken, nach dem das Bier nur aus Gersten- bzw. Weizenmalz, Hopfen, Hefe und Wasser bestehen darf. Das bayerische Starkbier haben dagegen die Mönche erfunden – galten sie doch als Pioniere und wahre Meister der Braukunst. Sie versorgten sich in der Fastenzeit mit dem nahrhaften und kalorienreichen Starkbier. Heute bildet die Starkbierzeit (März) mit ihren »ator«-Bieren (wie z. B. das Salvator) die fünfte Jahreszeit.

DIE BAYERISCHE KÜCHE

Die bayerische Küche ist so bodenständig wie der Bayer selbst. Zwar hat sie sich ein paar Gerichte aus Tirol und Schwaben einverleibt, aber das tut heute nichts mehr zur Sache. Was auf den Tisch kommt, ist herzhaft und deftig – und manchmal auch gewöhnungsbedürftig. Zu den »Schmankerl« zählen die knusprigen Schweinsbraten und Schweinshaxen, die deftigen Blut-, Leber- oder die einzigartigen Weißwürste. Damit Sie einheimische Bedienungen auch verstehen, finden Sie am Ende des Kapitels auf Seite 17 eine kleine Übersetzungshilfe.

MARTERL UND SPITZENTECHNOLOGIE

Wer einmal die prächtigen Kirchen in all ihrer Herrlichkeit im Bayernland gesehen hat, der weiß, dass der Gott katholisch und ein Bayer sein muss, denn nicht umsonst wird der Sohn in Oberammergau (bei den Festspielen) ans Kreuz geschlagen, hängt in jedem Klassenzimmer ein Jesus und finden sich zahlreiche Marterl in Almen und an Feldern. Gott hat das Land gesegnet, denn Bayern ist eines der reichsten Bundesländer. Bodenständig und kosmopolitisch öffnet sich der Freistaat den zukünftigen Technologien, Spitzenprodukte der Automarken aus München und Ingolstadt erobern die Straßen und im Weltall grüßt bayerische Technologie.

Die Millionenmetropole München ist zugleich Megadorf und Bavarian Valley und vereint nonchalant Loden und Luxus. Nach New York ist München die Stadt mit den meisten Buchverlagen und nach Hamburg die Stadt mit den meisten Zeitungsverlagen. Finanzen und Hightech spielen ebenfalls eine wichtige Rolle.

Wohl einzigartig: prächtige Lüftlmalereien wie hier in Oberammergau

»A MORDSGAUDI«

Der Katholizismus ist schuld, dass die Bayern so viel feiern, denn der hat das Land und das Volk geprägt, und so ist bei Festen und anderem Brauchtum auch das Kreuz meist dabei. Manch religiöse Feiern sind aber auch Feste fürs gemeine Volk, das bei Blasmusik und Maßkrug sich voll barocker Lebenslust amüsiert. Das bekannteste und größte Fest Bayerns ist das Münchner Oktoberfest, bei dem man irgendwann in einem Bierzelt landet – denn die Maß ist das Maß aller Dinge. Damit das Warten aufs Oktoberfest nicht zu lang wird, feiert der Münchner z. B. den Fasching ausgiebig, der mit dem Unsinnigen Donnerstag beginnt, sich über den Rußigen Freitag, den G'schmalzenen Samstag zum Faschingssonntag, -montag und -dienstag steigert. Damit aber auch zu anderen Jahreszeiten was los ist, gibt es die »Dult«, die bekannteste in München ist die Auer Dult, aber die Zahl der Dulten in ganz Bayern ist unüberschaubar. Neben Bierzelten bringen die »Fieranten«, die Händler, ihre Viktualien lautstark an den Mann.

Die tief verwurzelte Gemütsruhe der Bajuwaren ist wohl eine natürliche Begabung, und so nehmen sie sich die Freiheit heraus, nicht nervös zu werden. Reicht ja schon der Föhn, und den sitzen sie aus, beim Bier unter Kastanien.

Reich gesegnet: Die Natur läuft in Bayern zur »Höchstform« auf.

ALLGEMEIN

Landkreis Eichstätt/Informationszentrum
Naturpark Altmühltal
Notre Dame 1
85072 Eichstätt
Tel. 08421/98 76–0
www.naturpark-altmuehltal.de

Tourismusverband München-Oberbayern e. V.
Balanstraße 57
81541 München
Tel. 089/63 89 58 79
www.oberbayern.de

Tourismusverband Ostbayern e.V.
Im Gewerbepark D 02/ D 04
93059 Regensburg
Tel. 0941/585 39-0
www.ostbayern-tourismus.de

REISEZEIT

Von Mai bis in den Oktober können Biker Ober- und Niederbayern bereisen. Im Frühling begeistern die erblühenden Landschaften vor grandioser Bergkulisse, im Herbst die Farbpalette der Laubwälder. Im Spätsommer und Herbst sollte man jedoch für höhere Lagen, also Alpenvorland, bestens ausgestattet sein, denn hier kommt es immer wieder zu markanten Temperaturstürzen und extremen -schwankungen. Im Sommer, vor allem in der Ferienzeit und an Wochenenden, ist mit einem großen Ansturm auf alle touristischen Highlights zu rechnen.

Alpenwetterbericht des Deutschen Alpenvereins
Tel. 089/29 50 70, www.alpenverein.de, www.meteoalpin.com

ANREISE

Alle Gebiete sind über ein gut ausgebautes Verkehrsnetz zu erreichen. Auch von München aus führen in alle Richtungen Autobahnen und Bundesstraßen, die in die jeweiligen Regionen vordringen. Am Wochenende sind vor allem die Autobahnen voll, freitags gen Süden und sonntags vice versa.

UNTERKUNFT

Motorradfreundliche Hotels

Zahlreiche Hoteliers haben die Motorradfahrer als Kundschaft entdeckt. Entsprechend sind die Häuser mit Trockenräumen für nasse Bekleidung und Einstellräumen für die Maschinen ausgestattet. Häufig fährt der Chef selbst Motorrad und hat für seine Gäste Tourentipps auf Lager. Eine umfangreiche Auswahl spezialisierter Häuser findet sich auf den folgenden Internetseiten:
TF-Partnerhäuser – www.tourenfahrer-hotels.de sowie der
Bikerbetten – www.bikerbetten.de

Campingplätze

Campingplätze, die am Streckenverlauf der Touren liegen, sind dort aufgeführt. Wer das Zelten nicht dem Zufall überlassen will, findet im ADAC Campingführer eine gute Auswahl an Campingplätzen.

NOTRUF

In ganz Europa gilt der einheitliche Notruf 112 sowohl in Mobilfunknetzen als auch im Festnetz.
Die zuständige ADAC-Notrufstation erreichen Sie aus dem Festnetz unter Tel. 0180/222 22 22 (0,06 €/Anruf) oder mobil über Tel. 22 22 22 (Verbindungskosten je nach Netzbetreiber).

KRANKHEIT

Jede Stadt verfügt über einen ärztlichen oder zahnärztlichen Notdienst. Im Notfall sind die Notdienste der Krankenhäuser ein Anlaufpunkt.

ADAC AmbulanceService

Der ADAC AmbulanceService steht ADAC-Mitgliedern, ADAC-Versicherten sowie allen Hilfesuchenden zur Verfügung. Für Notfallmeldungen und/oder Transportanfragen wählen Sie bitte die für Sie zutreffende Telefonnummer:
ADAC-Mitglieder und ADAC-Versicherte wählen bitte:
Tel. 089/76 76 76
Wenn Sie kein ADAC-Mitglied oder ADAC-Versicherter sind, wählen Sie bitte:
Tel. 089/76 76 36 00

Öfters mal abbiegen: Güterwege führen zu den schönsten Plätzen.

Erinnerungswürdig: Nicht nur im Frühling ist Bayern ein prächtiges Ziel.

BAYERISCHES KÜCHENLEXIKON

Antn	Ente
Beuscherl	Kalbslunge mit Herz und Milz
Blaukraut	Rotkohl
Brezn	Brezel
Erdäpfelsalat	Kartoffelsalat
Fleischpflanzerl	Frikadelle
Gselchtes	Rauchfleisch
Krautwickerl	Kohlroulade
Leberkas	Leberkäse
Züngerl	gekochte und kleingeschnittene Lunge
Ochsenauge	Spiegelei
Radi	Rettich
Rana	Rote Beete
Reiberdatschi	Kartoffelpuffer
Schwammerl	Pilze
Semmel	Brötchen
Semmelknödel	Semmelklöße
Wammerl	Schweinebauch

DIE TOUREN

Start your engines: Der Pfaffenwinkel ist einer der Höhepunkte in Tour 1.

Spätsommer am Plansee:
Und die Uferstraße
gehört uns Bikern.

TOUR 1
Werdenfelser Land

TOUREN-CHECK

DAUER
2 Stunden

LÄNGE
103 Kilometer

WAS SIE WISSEN SOLLTEN
Die Strecke ist herrlich kurvenreich und schwungvoll. Es geht auf ausgedehnten Kurvenstrecken vorbei an Seen und durch ursprüngliche Ortschaften, deren Charme einzigartig ist.

SCHWIERIGKEIT
Alpine Tour ohne größere Schwierigkeiten. Dennoch erfordert der Kurvenreichtum der Strecke permanente Aufmerksamkeit.

KLÖSTER, BERGE UND ROMANTIK

Im Werdenfelser Land mit der ehemaligen Olympiastadt Garmisch-Partenkirchen als Hauptort verdichten sich zahlreiche bayerische Stereotype. Das Wettersteinmassiv mit der Zugspitze findet sich hier ebenso wie Schloss Linderhof, Oberammergau mit seinen Passionsspielen oder das malerische Kloster Ettal, das berühmt für seinen Likör ist.

Startpunkt ist die Wintersportmetropole **Garmisch-Partenkirchen**, die im weitläufigen Talkessel zwischen Wettersteingebirge im Süden und Kramer und Wank im Norden liegt und das Zentrum des Werdenfelser Landes ist, ehedem »Goldenes Landl« genannt. Das hat damit zu tun, dass es zwischen Isar und Loisach nicht nur viel Vieh gab, sondern

Philosophenland: Lebensweisheit in Oberammergau

Porentief echt: Das historische Zentrum von Garmisch-Partenkirchen

in dem Gebiet auch das Holz für die Mittenwalder Geigen geschlagen wurde und damit der Region Reichtum schenkte. In unserer Zeit kommen andere Goldfrachten per Bahn, Auto, Motorrad oder per pedes – denn hier ist alles geboten, vom Biken und Baden bis zum Klettern und Wandern, Barock und Lüftlmalerei, Passionsspiel und Venusgrotte. Zahlreiche Besucher erliegen dem Fegefeuer der Eitelkeiten, denn in Garmisch-Partenkirchen flaniert man in Armani-Klamotten und soupiert abends im seidenen Gewand.

Die bis dahin eigenständigen Märkte Garmisch und Partenkirchen schlossen sich 1935 zur Marktgemeinde zusammen, ein Jahr bevor die Winterolympiade stattfand. Die schindelbedeckten Gebirgshäuser in Garmisch strotzen vor Stolz und Partenkirchen steht dem nicht nach. Auch wenn es durch Brände ziemlich gebeutelt worden ist, versprüht der alte Kern eine echte Dorfidylle, die zudem einen schönen

Blick ins Land: Die »Marterl« stehen oft an den schönsten Plätzen.

Blick auf die **Zugspitze** bietet. Alljährlich feiert man einen der berühmtesten Garmischer, Richard Strauß. Kulturinteressierte besichtigen die Villa des Komponisten Strauß, Sportfans sehen sich dagegen eher die Sprungschanzen und das Eisstadion an, Spielernaturen finden im betriebsamen Kasino ihren Kick.

ZUGSPITZE – DAS HIMMLISCHE ZENTRUM

Die Zugspitze, der höchste Gipfel Deutschlands, ist das himmlische Zentrum der Region. Über 800 000 Besucher erstürmen den Gipfel in nicht mehr als 80 Minuten – kein Vergleich zum Leutnant Naus, der 1820 in mehr als 12 Stunden den Berg bestieg, »unter einiger Lebensgefahr und außerordentlichen Mühen«. Wer sich alpin betätigen möchte, erreicht mit entsprechender Ausstattung und Können den Gipfel in ca. acht Stunden. Ist man oben, kann man sonntags die Messe besuchen und sich zur Entspannung einen Drink in der Bar oder auf einer der Sonnenterrassen genehmigen. Zudem bieten drei Bahnen eine Runde über Zugspitzplatt, Gipfel und Eibsee an – mit fantastischem Ausblick.

ZUGSPITZBAHN
Die Zugspitzbahn fährt stündlich zwischen 8.15 und 14.15 Uhr vom Bahnhof Garmisch-Partenkirchen über Grainau, Eibsee zum Gletscherbahnhof Zugspitzplatt. Infos Tel. 08821/79 70

Geruhsamer geht es im **Kloster Ettal** zu. Den Platz für das Kloster hatte Kaiser Ludwig der Bayer bestimmt, als er aus einer politisch verzwickten Lage heraus schwor, ein Kloster zu stiften, wenn er glücklich in die Heimat zurückkehren würde. Und so liegt Ettal jetzt im Hochgebirgstal der Ammer und besticht durch seine außergewöhnliche Bauform. Neben Gymnasium und Internat sind noch andere Wirtschaftsbetriebe beherbergt. Hotel, Bierbrauerei und Metzgerei wie auch die Likörbrennerei sind einen Besuch wert, denn der Ettaler Klosterlikör, dem man heilende Wirkung nachsagt, wird hier produziert.

Die Straße führt weiter harmonisch durch den **Pfaffenwinkel**, ein Gebiet, das seinen Namen zu Recht trägt, denn alle naselang drängt sich eine schmucke Kirche mit Zwiebelturm ins Blickfeld, umgeben von sanften Hügelwellen und den schneebedeckten Kuppen der Alpen.

PRUNK UND FRÖMMIGKEIT IM PFAFFENWINKEL

Die Frömmigkeit gilt hier noch etwas und deshalb ist es kein Wunder, dass im Bilderbuchdorf **Oberammergau** einer besonderen Passion nachgegangen wird: Zum Dank für die Errettung aus der Pestnot um 1643 wird die Leidensgeschichte Christi alle zehn Jahre aufgeführt. Das Passionsspiel hat Oberammergau Ruhm und Reichtum beschert. So schieben sich Tausende von Touristen durch die Straßen, vorbei am Pilatus-Haus mit seinen Lüftlmalereien und an der

Ein wenig Protz darf sein: Kloster Ettal am frühen Morgen.

Rokoko-Pfarrkirche, und lassen die Herrgottsschnitzer sauber verdienen.

Vorbei am Ammersattel geht es nach **Linderhof**, das einzige in Oberbayern gelegene und fertiggestellte Schloss, in dem der »Märchenkönig« längere Zeit wohnte. Inspiriert von einem Besuch Versailles, ließ es Ludwig II. nach den französischen Rokokovorbildern erbauen. Sicherlich ist dieser Prachtbau mit seinen Parkanlagen und der 32 Meter hohen Fontäne, deren Tropfen in der Sonne golden glitzern, der Venusgrotte und der Hundinghütte eine Besichtigung wert. Der »Kini« suchte sich immer die stillsten Herrgottswinkel für seine Prachtbauten, in denen er sich verschanzen konnte, denn – gemocht hat er die Leute nicht, weil »wo die Leut' sind, findet alle Märchenhaftigkeit ein End'.« So würde es ihm heute schaudern ob der Besuchermassen, die bereits vormittags »ante portas« sind. Da wäre die Fahrt über den Ammersattel zum **Plansee** schon eher was für ihn.

Bayerische Askese:
Ettaler Mönche sind
Meister im Bierbrauen
und Schnapsbrennen.

Herbstfarben: Zierkürbisse am Wegesrand

An diesem herrlichen See findet man immer ein Plätzchen, an dem man seine Seele baumeln lassen kann. Einzig am Wochenende ist der fjordartige See Anziehungspunkt für Wanderer und Biker, die dann auch in **Reutte** einfallen. Wesentlich angenehmer lässt es sich dann wieder über **Ehrwald** nach Garmisch-Partenkirchen fahren. Denn viele Wochenendausflügler, die über den Fernpass herüberkommen, fahren über Reutte. So kommt es, dass man auf kurvenreicher Straße einsam durch die wunderbare Landschaft des Zugspitzer Landes fährt. Eine willkommene Erfrischung bietet der romantische **Eibsee**, ein Kleinod zwischen dunkelgrünen Tannen und steilen Bergen.

1
DEUTSCHLAND
ÖSTERREICH
Ammergauer Alpen
Tannheimer Berge
Lechtaler Alpen
Mieminger Gebirge
Wettersteingebirge
Werdenfelser Land
Karwendelgebirge
Lechbruck
Nesselwang
Füssen
Schwangau
Forggensee
Hopfensee
Weißensee
Schloss Linderhof
Linderhof
Hochplatte 2082
Geierköpfe 2161
Gran
Nesselwängle
Haldensee
Reutte
Plansee
Weißenbach am Lech
Lech
Heiterwang
Bichelbach
Untergarten
Lermoos
Ehrwald
Stanzach
Knittelkarspitze 2378
Namloser Wetterspitze 2553
Loreakopf 2471
Wannig 2493
Nassereith
Hochplattig 2768
Telfs
Inn
INNSBRUCK
Saulgrub
Bad Kohlgrub
Murnau
Staffelsee
Hörnle 1548
Oberammergau
Ettaler Manndl 1634
Eschenlohe
Klosterkirche St. Maria
Ettal
Oberau
1889 Notkarspitze
Krottenkopf 2088
Farchant
Kramerspitz 1985
Loisach
Garmisch Partenkirchen
Grainau
Obergrainau
Eibsee
Zugspitze 2962
Alpspitze 2628
Wettersteinkopf 2438
Mittenwald
Krün
Soiernspitze 2257
Westl. Karwendelspitze 2385
Östl. Karwendelspitze 2538
Birkkarspitze 2749
Scharnitz
Hoher Gleirsch 2491
Seefeld in Tirol
Kochel am See
Kochelsee
Benediktenwand 1801
Herzogstand 1731
Walchensee
Jachenau
Vorderriß
Isar
Route
5 km

INFORMATION

Tourismusverband Ferienregion Reutte
Untermarkt 34
A-6600 Reutte/Tirol
Tel. +43/5672/623 36
www.ferienregion-reutte.at

Tourist-Info Garmisch-Partenkirchen
Richard-Strauss-Platz 2
82467 Garmisch-Partenkirchen
Tel. 08821/18 07 00
www.gapa.de
Öffnungszeit: Mo–Sa 8–18 Uhr
Sonn- und Feiertag 10–12 Uhr

Tourist-Info Rottach-Egern
Nördliche Hauptstraße 9
83700 Rottach-Egern
Tel. 08022/67 31 00
www.rottach-egern.de

Toll: Füssen und seine Altstadt

UNTERKUNFT

Gasthaus »Zum Fischerwirt«
Linderhoferstr. 15
82488 Ettal-Graswang
Tel. 08822/63 52
www.zum-fischerwirt.de

Hotel »Ludwig der Bayer«
Kaiser-Ludwig-Platz 10–12
82488 Ettal
Tel. 08822/91 50
www.ludwig-der-bayer.de
Garage vorhanden

Berggasthof Panorama
St. Anton 3
82467 Garmisch-Partenkirchen
Tel. 08821/966 90 70
www.berggasthof-panorama.de

Berggasthof Pfeiffer-Alm
Schlattan 8
82467 Garmisch-Partenkirchen
Tel. 08821/27 20
www.pfeiffer-alm.de

Hotel zur Tanne
Thanners 6 1/2
87509 Immenstadt
Tel. 08379/72 88 90
www.hotelzurtanne.de
Wirt ist selbst Motorradfahrer und gibt gerne weitere Tipps

Das Rübezahl
Am Ehberg 31
87645 Schwangau

Tel. 08362/88 88
www.hotelruebezahl.de

Hotel Garni Schlossblick
Schwangauer Straße 7
87645 Hohenschwangau
Tel. 08362/816 49
www.schlossblick-neuschwanstein.de

CAMPINGPLÄTZE

Camping Erlebnis Zugspitze
Griesener Straße 2
82491 Grainau
Tel. 08821/943 91 11
www.pure-camping.de

Camping Reutte
Ehrenbergstr. 53
6600 Reutte/Tirol
Tel. +43/5672/628 09
Mobil +43/664/185 82 79
www.camping-reutte.com

SEHENSWERT

Zugspitze
Mit der Zahnradbahn über die Station Eibsee zum Gletscherbahnhof Zugspitzplatt auf 2600 m; Fahrzeit ab Garmisch 75 Minuten, ab Grainau 60 Minuten und ab Eibsee 35 Minuten

Bergfahrt
Ab Garmisch stündlich 8.15–14.15 Uhr,

Echte Vielfalt: der Pfaffenwinkel im Herzen Bayerns

ab Grainau stündlich 8.30–14.30 Uhr,
ab Eibsee stündlich 8.45–14.45 Uhr

Talfahrt
Ab Bhf. Zugspitzplatt stündlich 9.30–16.30 Uhr,
ab Eibsee stündlich 10.15–17.15 Uhr

Rotlech
Der Stausee wurde von 1975 bis 1977 errichtet. Er ist von Rieden aus in etwa drei Stunden und von Berwang-Rinnen in etwa einer halben Stunde erreichbar. Öffnungszeiten: rund um die Uhr. Information:
Tourismusverband Berwang
Berwang 47
6622 Berwang
Tel. +43/5674/82 68

Pflichttermin: Der Treff am Sylvenstein quirlt vor allem am Wochenende.

Die Bikertreffs

TOP 5

KESSELBERGSTRASSE – PARKPLATZ IN DER »SHOWKURVE«

82431 Kochel am See
GPS-Daten: N 47.6375 E 11.3575

GASTHOF KUPFERSCHMIEDE

Trostberger Str. 1
83339 Chieming/Arlaching
Tel. 08667/330
www.kupferschmiede-chiemsee.de
GPS-Daten: N 47.9295 E 12.4920

GASTHOF WEGMACHERKURVE

Frohnreut 5
94469 Deggendorf
Tel. 09920/90 37 56
GPS-Daten: N 48.8759 E 13.0476

CAFÉ-RESTAURANT EDELWEISS

Kaiser-Ludwig-Platz 3
82488 Ettal
Tel. 08822/929 20
www.restaurant-edelweiss-ettal.de
GPS-Daten: N 47.5685 E 11.0942

SCHNAUFERL WIRT

Unteres Sudelfeld 7
83735 Bayrischzell/Sudelfeld
Tel. 0178/336 51 07
tinyurl.com/o9f8zvl
GPS-Daten: N 47.6813 E 12.0340

Herbstzeit: Blick auf den Ammersee bei Herrsching

TOUR 2

Fünf-Seen-Land

TOUREN-CHECK

DAUER
4 Stunden

LÄNGE
173 Kilometer

WAS SIE WISSEN SOLLTEN
Das Fünf-Seen-Land bietet ein mediterranes Ambiente. Die Straßen haben nicht immer den besten Belag und sind in manchen Kurven auch unübersichtlich. Die Straßenführung gleicht dieses Manko aber wieder aus.

SCHWIERIGKEIT
Dies ist eine Tour für den Genießer. Vorsicht ist in den waldigen Abschnitten entlang der Seen geboten. Hier kann es gerade im Herbst auch mal rutschig werden.

OASEN BAYERISCHEN GLÜCKS

Eingebettet in eine sanfte Hügellandschaft finden sich südlich von München einige der schönsten Seen Oberbayerns. Weltbekannt sind der Starnberger See und der Ammersee, Kenner genießen auch die drei kleineren, nördlich gelegenen Seen. Eine Motorradtour lässt sich hier wunderbar durch einen Ausflug mit dem Schiff oder ein erfrischendes Bad unterbrechen.

Charakteristisch für das Fünf-Seen-Land ist das Miteinander von Adel und Bauernstand. Schon die Herrscher vergangener Zeiten wussten die Schönheiten dieser Region zu schätzen. Hier wuchs Kaiserin Sissi auf, hier weilte der

Abstecher: Setzen Sie so oft wie möglich den Blinker.

Frühaufsteher: Fischer auf dem Starnberger See

Märchenkönig Ludwig II., außerdem lebten hier Künstler wie Brahms und Wagner und der Schriftsteller Oskar Maria Graf. Am fürstlichen **Starnberger See** tauchte der Adel ausgiebig seine Zehen ins Wasser und die wohlhabenden Bürger erbauten Villen mit Bootshäuschen. In diesen wohnen heute die Prominenz und die Münchner Schickeria. Entsprechend ausgestattet ist auch die Gemeinde **Starnberg**. Edelboutiquen, Wassersportclubs und Promenaden bestimmen das Stadtbild. Obwohl es einen Bahnhof, »Starnberg Nord« gibt, ist die Ankunft am alten Starnberger Bahnhof am schönsten, denn dieser liegt, mit Blick auf den Dampfersteg, direkt am See.

SISSI UND DER MÄRCHENKÖNIG

Im nahen **Possenhofen**, das u. a. einen schönen Badeplatz im alten Parkgelände des Schlosses (das Betreten des Schlossgeländes selbst ist verboten) aufbietet, trafen sich

Himmel auf Erden:
Kloster Andechs
hat sogar eigene
Mopedparkplätze.

BUCHHEIM MUSEUM IN BERNRIED
Skurriles und klassische Moderne aus der Samm-lung des Autors Lothar Günther Buchheim gibt es hier zu sehen. Weitere Infos: Tel. 08158/ 99 70 60, www.buchheimmuseum.de

Sissi und Ludwig II. Sissi, also Elisabeth, Kaiserin von Österreich, wuchs als Tochter des Herzogs Max von Bayern auf und verbrachte ihre Kindheit auf Schloss Possenhofen. Ludwig II., ihr unglücklicher Vetter, liebte die schönen Künste und hinterließ die berühmten Königsschlösser.

Das brachte ihm zwar den Beinamen »Märchenkönig« ein, zwang ihn aber auch zur Abdankung. Am 13. Juni 1886 ertrank er zusammen mit seinem Leibarzt unter ungeklärten Umständen im Starnberger See.

Heute erinnern die Votivkapelle und das Gedenkkreuz an diese Tragödie und es gibt immer noch Königstreue, die sich dort alljährlich treffen, um an seinem Todestag seiner zu gedenken. Weniger mondän, sondern eher behäbig geht es dagegen in **Tutzing** zu. Es bietet idyllische Badeplätze und von der **Ilkahöhe** einen traumhaften Blick über den See bis

Fast nahtlos braun: rund um Bernried vielerorts möglich

Bildhübsch aber selten: Sonnenblumen in der Fruchtfolge

zu den Salzburger Alpen. Doch nicht hier hat die Muse eine Heimat gefunden, sondern in **Bernried**, denn dort hat 2001, nach langer Odyssee, die Buchheim'sche Sammlung ihren Platz im Museum der Phantasie gefunden. Alte Holzbauernhäuser, Alleen und Obstgärten machen Bernried zu einem der bezauberndsten Orte am Starnberger See.

Im südlichen **Seeshaupt** muss eine Entscheidung fallen, denn es locken der Starnberger See und die verträumten Osterseen, die ein Refugium für Freunde der Stille sind. Wie Solitäre glitzern die kleinen Seen und Weiher inmitten von Mulden, Buckeln und Waldkuppen. Aber es zieht uns zum ländlichen **Ammersee**, der statt

ERDFUNKSTELLE RAISTING

Südlich vom Ammersee befindet sich die Erdfunkstelle Raisting, deren gigantische weiße Antennenschüsseln sich wie Pilze aus dem Boden erheben. Ein Besucherzentrum informiert über Aufgabe und technische Zusammenhänge. Besichtigung nach Vereinbarung. Infos unter www.radom-raisting.de/besichtigung

Villenzäunen kilometerlange Promenaden und seichte Badestellen bietet. Früher wurde er despektierlich Bauernsee genannt, wohl weil hier das gemeine Volk lebte, also Bauern, Fischer und sonstige einfache Leute.

DER HEILIGE BERG

Bereits seit Jahrhunderten erhebt sich stolz und mächtig Bayerns Heiliger Berg mit dem **Kloster Andechs** über dem Ammersee. Die Geschichte der Burg- und Klosteranlage reicht bis ins 10. Jahrhundert zurück. Sie beherbergte die Grafen von Andechs und Dießen, später die Herzöge von Meranien. Seit 1455 gibt es ein Benediktinerkloster, ebenso lang existiert bereits die Klosterbrauerei. Auch wenn der Anschein manchmal trügt – es wird nämlich immer wieder gerätselt, ob der Berg mehr Beter oder mehr Zecher ruft –, Kloster Andechs ist bis dato eine der bedeutendsten Wallfahrtskirchen Deutschlands und wird jährlich von Tausenden von Pilgern besucht, die in barocker Kirchenarchitektur schwelgen und die Votivkerzen im Wachsgewölbe bestaunen. Die Herrlichkeit auf Erden spürt man danach, wenn man im Biergarten des Klosters Platz genommen hat, ein frisches Maß Andechser genießt und sich von der Klosterküche verwöhnen lässt. Selbstverständlich kann man nach alter Tradition seine Brotzeit auch selbst mitbringen.

Auf einer reizvollen Straße geht es weiter nach **Dießen**, dort haben die Gebrüder Feichtmayr und Johann Georg Bergmüller einen »neuen Himmel« kreiert, denn die prächtigen Deckenmalereien und Stuckaturen im Marienmünster verdienen solches Lob. Noch heute leben hier viele Künstler und Kunsthandwerker, die auch Kurse und Atelierbesichti-gungen anbieten. Eine ständige Ausstellung Dießener Kunst ist im Pavillon am See von April bis Oktober zu besichtigen. In ländlicher Umgebung, dort wo der See an Weiden angrenzt und alte Eichen das Ufer säumen, liegt **Utting**, ein Ort mit knapp 3500 Seelen, dessen Uferpromenade eine geruhsame Pause verspricht, bevor es über Inning und Seefeld nach Gauting zurückgeht.

Horch mal: Die Erdfunkstelle in Raisting sammelt fleißig Daten.

München
Pasing
Gräfelfing
Planegg
Gauting
Leutstetten
Würm
Starnberg
Germering
Gilching
Grafrath
Amper
Türkenfeld
Kaufering
Landsberg a. Lech
Pürgen
Lech
Schondorf
Inning
Wörthsee
Schlagenhofen
Seefeld
Pilsensee
Drößling
Utting
Ammersee
Herrsching
Kloster Andechs
Andechs
Perchting
Wieling
Traubing
Feldafing
Berg
Dießen
Raisting
Pähl
Tutzing
Starnberger See
Münsing
Bernried
Seeshaupt
Weilheim
Ammer
Altenstadt
Schongau
Peiting
Peißenberg
987
Hugfling
Ostersee
Iffeldorf
Wolfratshausen
Schäftlarn
Isar
Grünwald
Taufkirchen
Ottobrunn
Geretsried
Loisach
Königsdorf
Holzkirchen
Schindelberg
805
Bad Tölz
Route
5 km

INFORMATION

München Tourismus
Marienplatz 8 (im Rathaus)
80331 München
Tel. 089/23 39 65 00
www.muenchen.de

Tourist-Info Starnberg
Hauptstraße 1
82319 Starnberg
Tel. 08151/906 00
www.sta5.de

UNTERKUNFT

Hotel Würmtaler Gästehaus
Rottenbucher Straße 53–55
82166 Gräfelfing, München
Tel. 089/854 50 56
www.hotel-wuermtaler.de
Genügend Parkplätze kostenfrei direkt am Hotel, Garage gegen Bezahlung

Gasthof Unterbräu
Mühlstraße 36
86911 Dießen am Ammersee
Tel. 08807/84 37
www.unterbraeu-diessen.de

Gasthof Zur Post
Münchner Str. 2
82266 Inning
Tel. 08143/997 92 60
www.gasthof-post-inning.de

Gästehaus AlpVital
An der Kirchleiten 7
82493 Klais
Tel. 08823/81 68
www.alpvital.de

Hotel Senator
Martin-Greif-Str. 11
80336 München
Tel. 089/59 04 36-0
www.europe-hotel-senator.de
In der Nähe des Hauptbahnhofes; mit Sauna, Solarium und Bar; für Motorradfahrer: Tiefgarage, Parkplatz, Trockenraum

Schlossgut Oberambach
Oberambach 1
82514 Münsing
Tel. 08177/93 23
www.schlossgut-oberambach.de
Schmuckes Landhotel hoch über dem Ostufer des Starnberger Sees. Ökologische Grundsätze und die Feng-Shui-Lehre standen bei der Renovierung Pate. Das Essen wird mit Produkten aus kontrolliert-biologischem Anbau liebevoll zubereitet. Ein wunderbarer Ort zum Übernachten.

Hotel Sterff
Penzbergerstr. 6
82402 Seeshaupt
Tel. 08801/90 63-0
www.hotel-sterff.de

ESSEN & TRINKEN

Gasthof Zur Linde
Wieling 5
82340 Feldafing
Tel. 08157/93 31 80
www.linde-wieling.de
Wildgerichte und Edelbrände sind besonders zu empfehlen; Biergarten und Gästezimmer.

Forsthaus Ilkahöhe
82327 Tutzing
Tel. 08158/82 42
www.ilkahoehe.de
Der ehemalige Gutshof bietet einen wunderbaren Blick und kulinarische Erlebnisse; Biergarten und Sonnenterrasse, ausgesuchte Weinkarte.

SEHENSWERT

Buchheim Museum der Phantasie
Am Hirschgarten 1
82347 Bernried
Tel. 08158/99 70 20
www.buchheimmuseum.de
Geöffnet 10–18 Uhr (Nov.–März bis 17 Uhr), an Wochenenden bis 20 (bzw. 18) Uhr

VERANSTALTUNGEN

Herrsching am Ammersee
Landgasthof Mühlfeld-Bräu
Mühlfeld 13
82211 Herrsching am Ammersee

Sinnbild für Genuss: Schweinshaxe und Brezn

Tel. 08152/914 95 48
www.muehlfelder-brauhaus.de
Jeden Dienstag finden im Landgasthof Mühlfeld-Bräu Brauereiführungen mit Schlachtschüsselessen statt. Außerdem gibt es das Bier in dekorativen Ein- oder Zweiliterflaschen zum Mitnehmen.

Starnberger See und Ammersee
Vergnügungsdampfer auf dem Starnberger See und Ammersee. Touren mit umfangreichem Angebot, vom Jazz-Frühschoppen bis zu Special-Nights mit spanischem oder karibischem Flair. Allgemeine Informationen
Tourismusverband Fünf-Seen-Land
Tel. 08151/906 00
www.sta5.de
Bayerische Seenschifffahrt
www.seenschifffahrt.de

Hoch hinaus: Am Westrand des Tölzer Landes wartet nicht nur der Hohe Peißenberg auf uns.

TOUR 3
Tölzer Land

TOUREN-CHECK

DAUER
4 Stunden

LÄNGE
167 Kilometer

WAS SIE WISSEN SOLLTEN
Walchensee und Kesselberg – das sind Namen, die Kurvenspaß pur versprechen. Diese Route vereint klassische Rennstrecken mit einer grandiosen Landschaft.

SCHWIERIGKEIT
Der Kesselberg ist etwas für Kenner und Könner. Bei der Suche nach der Ideallinie durch die Serpentinen sollte man den Gegenverkehr nicht vergessen.

PRICKELNDE ERLEBNISSE

Die Isar bildet die Lebensader des Tölzer Landes. Kurvenfreunde kommen bei der Befahrung der Kesselbergstraße ebenso auf ihre Kosten wie kulturell Interessierte. Denn gleich am Fuße der legendären Bergrennstrecke befindet sich in Kochel das Franz-Marc-Museum mit beindruckenden Werken der expressionistischen Künstlergruppe »Blauer Reiter«.

Wenn man München gen Süden verlässt, offenbart sich der **Isarwinkel** mit naturbelassenen Tälern des Karwendelgebirges und romantischen Flusslandschaften. Pullach mit dem dort ansässigen Bundesnachrichtendienst streifen wir nur geschwind. Wenn sich die Straße zum Isarbett hinunterschlängelt, sieht man das **Kloster Schäftlarn** am gegen-

Geheimnisvoll und unergründlich: der Walchensee.

Empfehlenswert: Boxenstopp im Klosterbiergarten Benediktbeuern

überliegenden Steilufer liegen. Die herrschaftliche Freitreppe und die elegante Fassade des Klosters strahlen vornehme Zurückhaltung aus. Das urbayerische Lebensgefühl tritt dagegen im dazugehörigen Biergarten auf, in dem die Klosterbrauerei fürs leibliche Wohl sorgt. Bei der ehemaligen Kreisstadt Wolfratshausen, die am Zusammenfluss von Loi-sach und Isar liegt, folgen wir zunächst der Loisach und fahren dann über Geretsried nach Bad Tölz.

ISAR-FLOSSFAHRT

Die 28 Kilometer lange Strecke von Wolfratshausen nach München-Thalkirchen ist eine feucht-fröhliche Riesengaudi. Die Saison dauert vom 1. Mai bis zum zweiten Septemberwochenende. Infos unter www.flossfahrt.de

RIESENGAUDI UND KULTURELLE KEIMZELLEN

Von Wolfratshausen aus starten die Isar-Floßfahrten. Dabei geht es feucht-fröhlich den Fluss hinunter. Diese Fahrten haben eine lange Tradition: Im 19. Jahrhundert passierten

Abseits des Rummels: Blick auf den Kochelsee

mehr als 10 000 Holzflöße die Isar, als Wolfratshausen, Bad Tölz und Lenggries noch Flößerorte waren. Heute wird diese Gauditour nur noch von drei Familien angeboten.

Der Blick richtet sich auf die Berge im Süden, deren respektable Erhebungen sich hinter dem eher flachen Land bei Wolfratshausen auftun. Schon beim **Kloster Benediktbeuern** kontrastieren gerade im Frühling die schneebedeckten Gipfel das satte Grün der Wiesen. Das Kloster liegt am Fuße der **Benediktenwand** und gilt als die Keimzelle der klösterlichen Kultur – schließlich ist es das älteste Urkloster, das 739 vom Geschlecht der Huosi gestiftet wurde. Die eindrucksvolle Klosteranlage wurde durch eine Reliquie, die Karl der Große den Benediktinern schenkte, zum Kultort.

Nicht weit entfernt liegt **Kochel am See**. Ein scharfer Knick der Hauptstraße erzwingt bei der Einfahrt in den Ort den Blick auf das Denkmal des Schmieds von Kochel.

»BLAUER REITER« UND DRAMATISCHE SPITZKEHREN

Das Denkmal ist dem Schmiedgesellen Balthasar Mayr gewidmet, der eine Bauernschar angeführt haben soll, die gegen die österreichischen Besatzungstruppen kämpfte. Friedlicher geht es dagegen im Franz-Marc-Museum zu, das die Werke des gleichnamigen Expressionisten und Mitbegründers des »Blauen Reiter« ausstellt. Hier am Kochelsee hat Franc Marc gelebt und gemalt – ein wahrhaft idyllischer Platz. Der See liegt wie ein blau blitzendes Auge zwischen Wiesen und Dörfern; sein Wasser ist allerdings auch im Sommer ziemlich kalt. Heißer geht es dagegen auf der **Kesselbergstrecke** (am Wochenende für Motorradfahrer gesperrt!) zu, die von Kochel aus ca. 23 Kilometer misst und einen Höhenunterschied von 253 Metern überwindet.

Die moorigen Niederungen des Kochelsees lassen sich an der Aussichtskehre, die auf halbem Weg liegt, erblicken; die nähere Umgebung jedoch wird von Gleichgesinnten bestimmt, die diese Strecke entlangstürmen. Nach der Passhöhe schlängelt sich die Straße am grün glitzernden **Walchensee** entlang. Es gibt zahlreiche schaurige Legenden über den geheimnisumwitterten Walchensee, die aber keinen der Segler und Surfer abschrecken, hier jauchzend über das 200 Me-

WELTSTADT MIT HERZ

München ist zu jeder Jahreszeit eine Schau: Im Winter kann man den Mannsbildern beim Eisstockschießen auf dem zugefrorenen Eiskanal vor Schloss Nymphenburg zusehen oder im Müller'schen Volksbad entspannen. Wenn es im Frühling »bacherlwarm« wird, erwacht die Stadt zum Leben: Tische und Stühle kommen nach draußen und im Nu sind alle Plätze belegt. Südliches Flair breitet sich in der Stadt aus, die Brunnen am Stachus plätschern und die Münchner flanieren an der Leopoldstraße hin und her. »Sehen und gesehen werden« ist das Motto. Im Sommer lockt Schwabing, das ehemalige Künstlerviertel. Im Englischen Garten kann man sich in den Eisbach werfen oder im Biergarten am Chinesischen Turm schon mal für den Ernstfall trainieren. Denn lange dauerts nicht mehr, bis das Oktoberfest losgeht. Bleibt noch der Viktualienmarkt, der ganzjährig sämtliche »Schmankerl« anbietet.

KALVARIENBERG

Der Kalvarienberg bei Bad Tölz ist ein herrlicher Aussichtspunkt mit Blick auf das Karwendelgebirge. Am 6. November, dem Leonharditag, ist er alljährliches Ziel der Leonhardireiter.

ter tiefe Wasser zu jagen. Abseits des Sees fahren wir auf der mautpflichtigen Straße durch die **Jachenau**, ein idyllisches Gebirgstal, bis nach **Lenggries** und weiter nach **Bad Tölz**.

»DER BULLE VON TÖLZ«

Die Entdeckung des gesundheitsfördernden Quellwassers und der Jodquelle hat Bad Tölz im 19. Jahrhundert einen wirtschaftlichen Aufschwung beschert. Aber auch ohne Bad ging es dem Ort schon immer recht gut, denn er profitierte von seiner günstigen Lage an der Salzstraße und der Isar mit ihrer Flößerei. Schmucke Bürgerhäuser mit bemalten Fassaden verzieren die Altstadt und säumen die hübsche Marktstraße, die bekannt geworden ist durch die Fernsehserie »Der Bulle von Tölz« mit dem bayerischen Urgestein Ottfried Fischer in der Hauptrolle.

Typisch Tölzer Land: Bauernhaus nahe Königsdorf

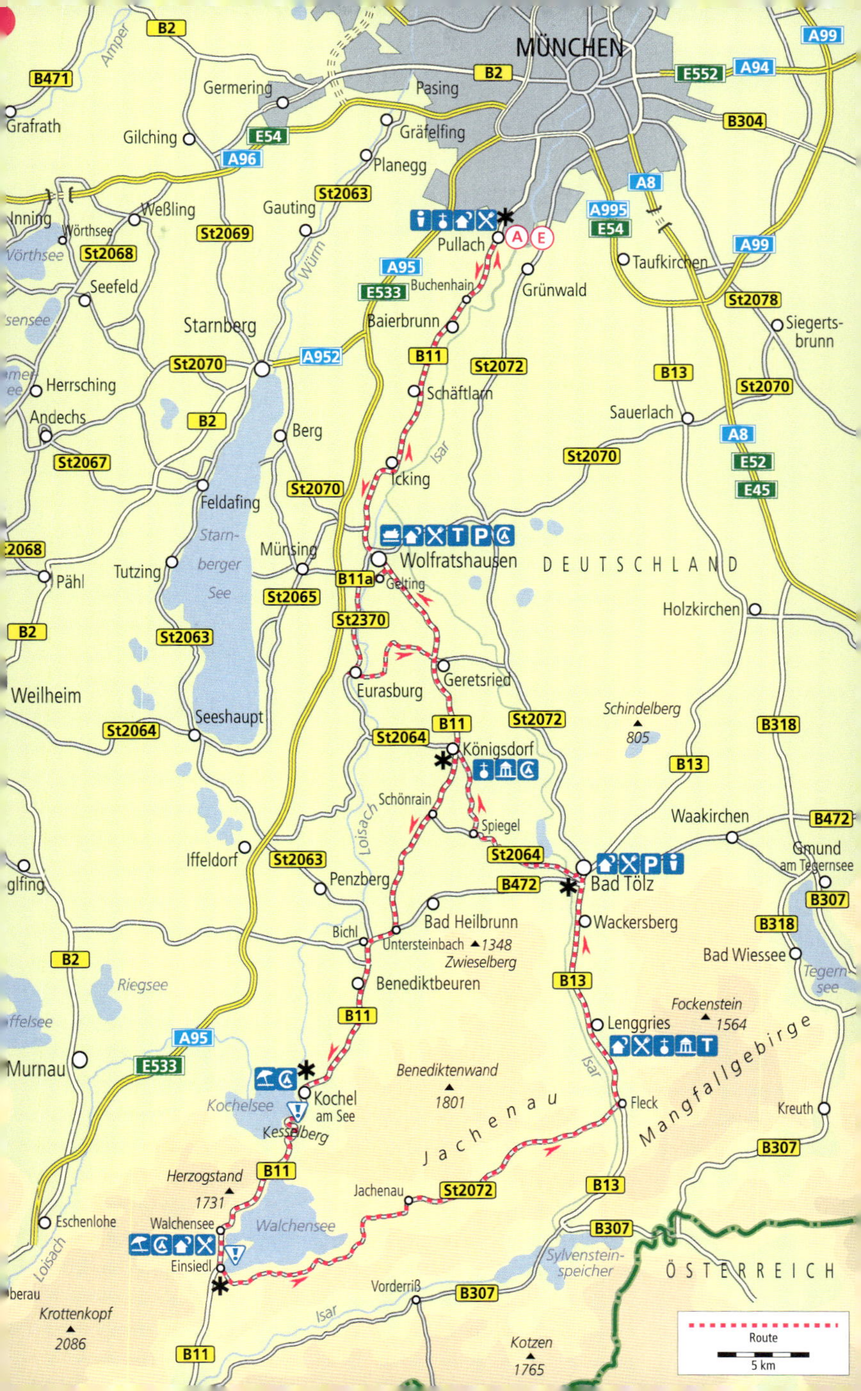

MÜNCHEN
Pasing
Germering
Gräfelfing
Planegg
Gilching
Grafrath
Gauting
Weßling
Wörthsee
Seefeld
Starnberg
Herrsching
Andechs
Pullach
Buchenhain
Baierbrunn
Grünwald
Taufkirchen
Siegertsbrunn
Schäftlarn
Sauerlach
Berg
Icking
Feldafing
Starnberger See
Münsing
Tutzing
Pähl
Wolfratshausen
Gelting
DEUTSCHLAND
Holzkirchen
Eurasburg
Geretsried
Weilheim
Seeshaupt
Schindelberg
805
Königsdorf
Schönrain
Spiegel
Waakirchen
Gmund am Tegernsee
Iffeldorf
Penzberg
Bad Tölz
Wackersberg
Bichl
Untersteinbach
Bad Heilbronn
1348
Zwieselberg
Bad Wiessee
Tegernsee
Riegsee
Benediktbeuren
Fockenstein
1564
Lenggries
Murnau
Benediktenwand
1801
Mangfallgebirge
Kochelsee
Kochel am See
Kesselberg
Jachenau
Fleck
Kreuth
Herzogstand
1731
Walchensee
Eschenlohe
Einsiedl
Sylvensteinspeicher
ÖSTERREICH
Vorderriß
Krottenkopf
2086
Kotzen
1765
Amper
Würm
Isar
Loisach
B2
B471
E54
A96
St2063
St2069
St2068
St2070
A952
A95
E533
B11
St2072
A99
A94
E552
B304
A8
A995
St2078
B13
E52
E45
St2067
St2065
B11a
St2370
St2064
B318
B472
B307
Route
5 km

INFORMATION

Tourismus Oberbayern München e.V.
Balanstraße 57
81541 München
Tel. 089/638 95 89
www.oberbayern.de

Tourist-Info Bad Tölz
Max-Höfler-Platz 1
83646 Bad Tölz
Tel. 08041/786 70
www.bad-toelz.de

UNTERKUNFT

Alpenhof
Buchenerstr. 14
83646 Bad Tölz
Tel. 08041/787 40
www.alpenhof-toelz.de

Pension Resi
Kochelerstr. 30
83670 Bad Heilbrunn
Tel. 08046/383
Für Motorradfahrer: Parkplatz

Gasthof Jachenau
Dorf 8 ½
83676 Jachenau
Tel. 08043/91 00
www.gasthof-jachenau.de
Motorräder: kostenloses Parken

Alpengasthof Rabenkopf
Kocheler Str. 23
82431 Kochel/Ried
Tel. 08857/208
www.rabenkopf.de
Gasthof mit Biergarten und Zeltplatz; für Motorradfahrer: Garage, Trockenplatz

Hotel Gasthof Humplbräu
Obermarkt 2
82515 Wolfratshausen
Tel. 08171/48 32 90
www.humplbraeu.de

ESSEN & TRINKEN

Sprengenöder Alm
Sprengenöd 4
82547 Eurasburg
Tel. 08179/931 00
www.sprengenoeder-alm.de
Hoch über dem Loisachtal werden bayerische Spezialitäten kredenzt; mit Biergarten und Gästezimmer.

Hotel Alpengasthof »Lenggrieser Hof«
Münchnerstr. 3
83661 Lenggries
Tel. 08042/505 60
www.lenggrieser-hof.de
Bayerische Schmankerl, mit Biergarten, Fremdenzimmer und Strohlager; für Motorradfahrer: Parkplatz, Trockenraum

SEHENSWERT

Viktualienmarkt
Der ehemalige Bauernmarkt

Erhitzt die Gemüter: Der Kesselberg würde Biker gerne ganz aussperren.

besteht seit 1807. Hier gibt es alles von Avocado bis Zander und Spezialitäten aus aller Welt. Innenstadt, zwei Minuten Fußweg vom Marienplatz.
Geöffnet: Mo–Sa 7–18 Uhr
www.viktualienmarkt-muenchen.de

Raisting/Erdfunkstelle
www.radom-raisting.de/besichtigung

Erlebniskraftwerk Walchensee
Öffnungszeiten:
Mai–Okt.: tägl. 9–17 Uhr
Nov.–April: tägl. 10–16 Uhr
Tel. 08851/772 25
www.walchensee.net

Kesselberg
Am Wochenende und an Feiertagen ist die Strecke bergwärts (von N nach S) für Motorradfahrer gesperrt! Auch sonst gibt es reichliche Kontrollen im Hinblick auf Geschwindigkeit und Beachtung des Überholverbotes.

VERANSTALTUNGEN

Münchner Blade Night
Auf elf unterschiedlichen Routen geht es durch die Stadt. Jeden Montag (bei trockenem Wetter) von Mai bis September, Treffpunkt: ab 19 Uhr am Verkehrszentrum des Deutschen Museums auf der Schwanthalerhöhe.
www.aok-bladenight.de

Tollwood-Festival
Findet zweimal im Jahr statt, einmal im Juni, einmal im Dezember. Kultur und Kulinarisches wird geboten.
Tel. 089/38 38 50 00
www.tollwood.de

Oberbayern in Zahlen

122 Ochsen und 51 Kälber wurden 2015 auf dem Münchner Oktoberfest – der Wiesn – verspeist, dazu tranken die Gäste 7,5 Millionen Liter Bier.

2962 Meter misst die Zugspitze im äußersten Süden Oberbayerns. Damit verfehlt Deutschlands höchster Berg ganz knapp die Dreitausendermarke.

136 963 ausgelieferte Fahrzeuge markierten 2015 einen weiteren Rekord für den Motorradhersteller BMW. Die Fertigung erfolgt zwar im Berliner Werk, Entwicklung und Marketing sind jedoch am Hauptsitz in München angesiedelt.

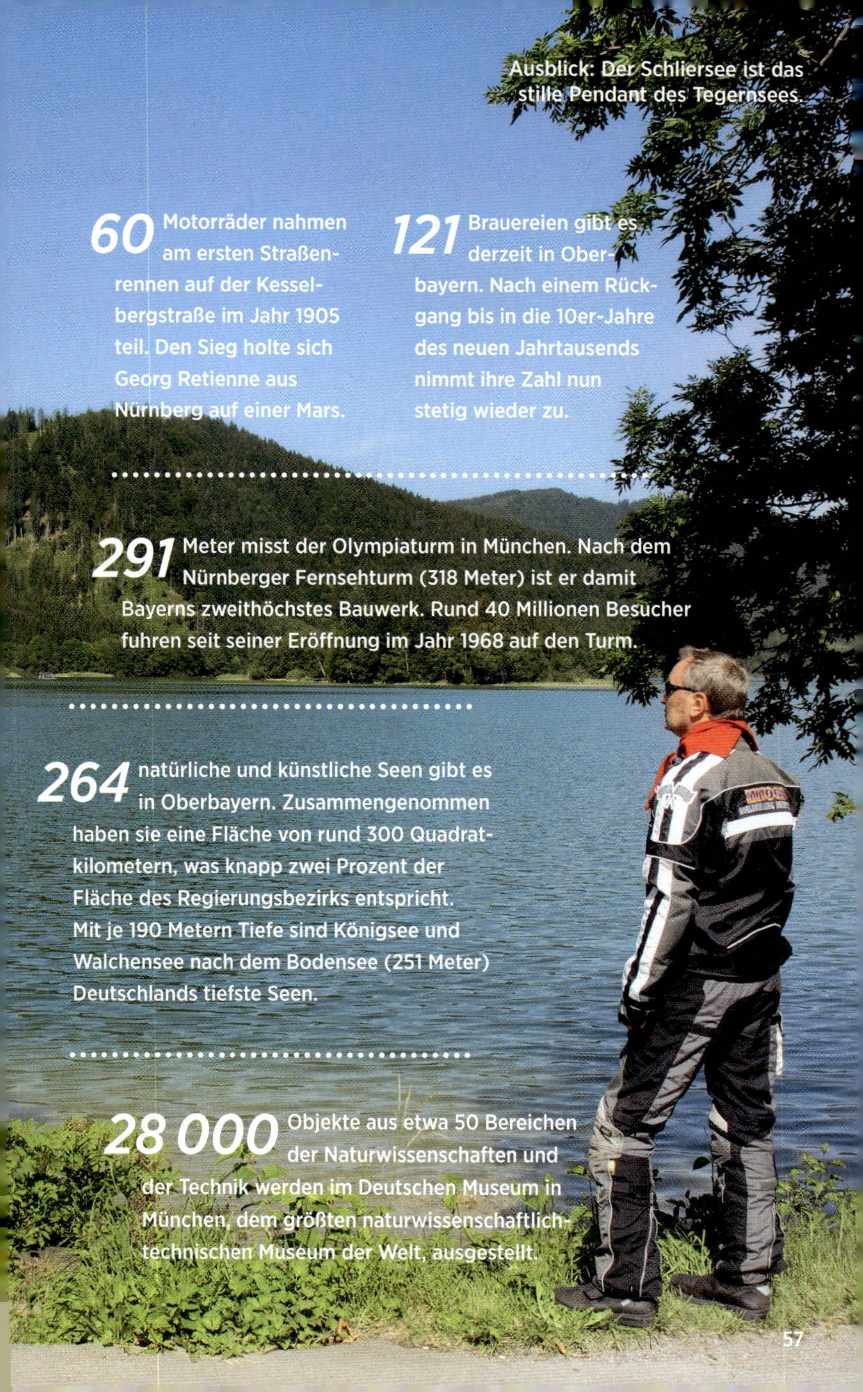

Ausblick: Der Schliersee ist das stille Pendant des Tegernsees.

60 Motorräder nahmen am ersten Straßenrennen auf der Kesselbergstraße im Jahr 1905 teil. Den Sieg holte sich Georg Retienne aus Nürnberg auf einer Mars.

121 Brauereien gibt es derzeit in Oberbayern. Nach einem Rückgang bis in die 10er-Jahre des neuen Jahrtausends nimmt ihre Zahl nun stetig wieder zu.

291 Meter misst der Olympiaturm in München. Nach dem Nürnberger Fernsehturm (318 Meter) ist er damit Bayerns zweithöchstes Bauwerk. Rund 40 Millionen Besucher fuhren seit seiner Eröffnung im Jahr 1968 auf den Turm.

264 natürliche und künstliche Seen gibt es in Oberbayern. Zusammengenommen haben sie eine Fläche von rund 300 Quadratkilometern, was knapp zwei Prozent der Fläche des Regierungsbezirks entspricht. Mit je 190 Metern Tiefe sind Königsee und Walchensee nach dem Bodensee (251 Meter) Deutschlands tiefste Seen.

28 000 Objekte aus etwa 50 Bereichen der Naturwissenschaften und der Technik werden im Deutschen Museum in München, dem größten naturwissenschaftlich-technischen Museum der Welt, ausgestellt.

Hausgem
Kuchen
Oberbräu

Lohnt immer: Alm an der Mautstraße ins Rißtal

TOUR 4

Tegernseer Tal

TOUREN-CHECK

DAUER
2 Stunden

LÄNGE
115 Kilometer

WAS SIE WISSEN SOLLTEN
Die deutsche Alpenstraße lockt mit schwungvollen Kurven. Der Rest des Programms liefert teilweise knackige Kurven und gute Straßenführung.

SCHWIERIGKEIT
Unschwere, aber nicht anspruchslose Tour über kurvige, teils sehr enge Strecken. Vor allem zwischen Wallgau und der Engalm ist erhöhte Aufmerksamkeit gefordert.

SOMMERFRISCHE NACH MASS

Vorbei am tief eingeschnittenen Tegernsee führt diese Tour weit hinein in die oberbayerische Bergwelt. Ganz sicher eine der schönsten Strecken der Region ist das kleine Mautsträßchen entlang der grünen Isar zum Sylvensteinspeicher. Und mit der Jachenau findet sich gleich noch ein Geheimtipp auf dieser Route.

Rottach-Egern liegt unmittelbar am **Tegernsee**, der eine der ersten Adressen Bayerns ist – lockt er doch Prominente aus der ganzen Welt an. Die ungeheure Anziehungskraft Rottachs und des Tegernsees liegt sicherlich in der harmonischen Voralpenlandschaft begründet, die bayerisches Lokalkolorit mit mondänem Flair mischt. Die Berge, die sich

Promi-Watching inklusive: eine Schifffahrt auf dem Tegernsee

gar nicht grimmig, sondern sanft in den Himmel strecken, sind ideal für alle, die sich auf »zwoa Brettln« bewegen wollen. Deshalb ist es nicht verwunderlich, dass einige der besten Skifahrer und Snowboarder aus dieser Region kommen. Das Image ist mittlerweile etwas angekratzt, der See ist überlaufen und Rottach-Egern bietet vor allem für die Reichen, die ihr Geld im Kasino von **Bad Wiessee** noch vermehren, eine unglaubliche Zahl an Nobelboutiquen und -herbergen. Dabei war es einmal das Dorf der Maler und Poeten. Nur am See an der Pfarrkirche St. Laurentius ahnt man noch etwas von seiner Ursprünglichkeit.

ALPENFLECKVIEH UND GELDMASCHINEN

Der Tegernsee selbst wurde seit ehedem mit Lobeshymnen überhäuft, vom »Paradies auf Erden« oder einem »Platz der Glückseligkeit« war die Rede. In **Gmund** bietet sich der wohl

WALLBERG
Im Süden des Tegernsees erhebt sich der ca. 1700 Meter hohe Wallberg. Eine anspruchsvolle Panoramastraße führt bis zum Parkplatz Wallbergmoos, in 1100 Meter Höhe gelegen, und bietet einen fantastischen Rundblick auf Täler und Gipfel.

schönste Blick auf den See und die bewaldeten Berge. Dort, wo das bayerische Alpenfleckvieh noch auf sattgrünen Wiesen weidet, ist der ländliche Charme des Tales spürbar und segnet jeden mit einem Gefühl der Zufriedenheit. Zufrieden sind auch jene, denen im Kasino von Bad Wiessee das Glück hold war.

Früher zogen Scharen von Pilgern nach Wiessee, im Glauben an die Heil bringende Wirkung des St.-Quirinus-Öls, das ein findiger Mönch entdeckt haben soll. Später erkannte man aber, dass es Erdöl war, und ganz nebenbei entdeckte man eine Jod-Schwefel-Therme, die den Aufstieg des Ortes zu einem Heilbad besiegelte.

Damals waren es die gekrönten Häupter, die in **Wildbad Kreuth** ihr Heil suchten, heute findet sich alljährlich die CSU-Prominenz zur Klausurtagung ein. Pittoresk liegt Kreuth am

Passt perfekt: Bayern mit einer BMW erkunden!

Eher unhandlich: Geigenbau-Denkmal in Mittenwald

Ende der Deutschen Alpenstraße, umgarnt von blumenreichen Wiesen, den lieblichen Auen der Weißach und den lockenden Blaubergen. Die Kreuther St.-Leonhard-Kirche liegt am Fuß des Leonhardsteins und ist wohl das älteste Gotteshaus, das dem Viehpatron geweiht wurde. Und das aus gutem Grund, denn von hier aus wurden die Saumpferde auf gefährlichen Pfaden nach Tirol geführt. Das Vieh bestimmte auch bei den Siebenhütten das Leben, denn dort wurden einst mehr als 500 Ziegen gehalten, deren Milch für die Molkekur der Gäste verarbeitet wurde.

DER MALERISCHE ISARWINKEL

Die Weißach geleitet uns im gemächlichen Rhythmus bis zum **Achenpass** und zum **Sylvensteinspeicher**. Der Sylvensteinstausee mit seinem fjordartigen Charakter dehnt sich jenseits der Berge, südlich der **Jachenau** aus. Aufgabe des Stausees ist und bleibt, den Wasserstand der Isar wieder zu erhöhen, nachdem sie für das Walchenseekraftwerk entwässert wurde, und gleichzeitig das Land während der Schnee-

Von Menschenhand modelliert: der Sylvenstein-Stausee am frühen Morgen

So manch Bikers Lieblingsbank: am Großen Ahornboden im Rißtal

schmelze vor Hochwasser zu schützen. Obendrein wird die Fallhöhe von 26 Metern zur Stromerzeugung genutzt. Dafür musste damals der alte Weiler-Fall weichen, der bekannt wurde durch den Ganghofer-Roman »Der Jäger vom Fall«, ein Heimatroman voll mit wildromantischen Beschreibungen, dramatischen Begebenheiten und zärtlichen Begegnungen. Zärtlich ist auch die Beschreibung des Volksmundes für diesen Landstrich, der in der liebevollen Umarmung der Isar zwischen **Vorderriß**, Lenggries und bis nach Bad Tölz liegt – der **Isarwinkel**.

Erst bei Vorderriß beginnt wieder wirklich anspruchsvolles Fahren, vor allem, wenn man den kleinen Abstecher bis zum österreichischen **Sonnjoch** durchs Rißtal wagt. Der Nordrand des Karwendelgebirges drängt sich dabei ins Auge des Betrachters, mächtig und schroff türmt sich das Felsgestein gegen den Himmel. Unterwegs durch Berg und Tal, fordert die letzte Etappe die volle Aufmerksamkeit, denn zahlreiche Kuppen, Engstellen und Brücken kennzeichnen den mautpflichtigen Weg von Vorderriß nach **Wallgau**, das nur so strotzt vor Fassaden mit Lüftlmalerei.

MITTENWALD – »EIN LEBENDIGES BILDERBUCH«

Rau und unzugänglich zeigt sich das urbayerische Terrain vor **Mittenwald**, denn im Wettstreit mit dem Karwendel steht das Wettersteinmassiv. Von der Wettersteinspitze schaut man in ein behäbiges Stadtbild voll bunter Fassaden. Für Goethe war dieser Ort »ein lebendiges Bilderbuch« und er meinte damit sicherlich die prächtige Schau von ehrwürdigen Bauern- und Bürgerhäusern und deren beeindruckenden Fassadenmalereien, denn in Mittenwald wurde dieses alte Kunsthandwerk besonders gepflegt und vorangetrieben. Auch eine andere Kunst machte Mittenwald in der Welt berühmt: 1683 wurde hier die erste Geigenbauwerkstatt von Matthias Klotz gegründet, der nach seinen Lehrjahren in Italien nach Mittenwald zurückkehrte. Die Prunkstücke einheimischer Geigenbauer kann man im Geigenbaumuseum besichtigen. Dabei erfährt man auch, wie solch eine Instrument entsteht.

GEIGENBAUMUSEUM

Im Geigenbaumuseum in Mittenwald sind die Werke einheimischer Künstler ausgestellt. In der angrenzenden Werkstatt erfährt man, wie eine Geige gebaut wird. Tel. 08823/2511 www.geigenbaumuseum-mittenwald.de

Einfach gut: Speis & Trank auf der Alm im Karwendel

4
DEUTSCHLAND
ÖSTERREICH
Peißenberg
987
Peißenberg
Hugfling
Rottenbuch
Iffeldorf
Penzberg
Bad Tölz
Miesbach
Gmund am Tegernsee
Hausham
Schliersee
Schliersee
Tegernsee
Tegernsee
Bad Wiessee
Fischbachau
Wendelstein
1838
Bayrischzell
Wackersberg
1348
Zwieselberg
Bichl
Benediktbeuren
Riegsee
Staffelsee
Saulgrub
Murnau
Kochel
Kochelsee
Lenggries
Benediktenwand
1801
Fockenstein
1564
Weißbach
Rottach-Egern
Brecherspitz
1683
Kreuth
Wildbad-Kreuth
Fleck
Mangfallgebirge
Jachenau
Jachenau
Herzogstand
1732
Walchensee
Walchensee
Einsiedl
Eschenlohe
Oberammergau
Ammergauer Alpen
Ettaler Manndl
1634
Ettal
Oberau
1889
Notkarspitze
Krottenkopf
2086
Farchant
Garmisch-Partenkirchen
Grainau
Eibsee
Werdenfelser Land
Mittenwald
Klais
Wallgau
Krün
Vorderriß
Sylvenstein-speicher
941
Achenpass
Juifen
1988
Achenkirch
Guffertspitze
2195
Hoher Nock
1497
Kotzen
1765
Soiernspitze
2257
Hinterriß
Rißbach
Östl. Karwendelspitze
2538
Westl. Karwendelspitze
2385
Birkkarspitze
2749
Karwendelgebirge
Achensee
Sonnjoch
2457
Engalm
Rofangebirge
Rofanspitze
2260
Wörgl
Inn
Brixlegg
Jenbach
Schwaz
Kellerjoch
2344
Zugspitze
2962
Alpspitze
2628
Wettersteinkopf
2483
Wettersteingebirge
Scharnitz
Hoher Gleirsch
2491
Großer Bettelwurf
2725
Hochplattig
2768
Mieminger Gebirge
Seefeld in Tirol
A93
E60
E45
B318
B472
B307
B13
St2072
St2063
B2
B23
B11
E533
A95
St2075
B181
B171
A12
B177
B169
A
E
Route
5 km

INFORMATION

Tegernseer Tal Tourismus GmbH
Hauptstraße 2
83684 Tegernsee
Tel. 08022/92 73 80
www.tegernsee.com

UNTERKUNFT

Postgasthof Rote Wand
Geitau 15
83735 Bayrischzell
Tel. 08023/90 50
www.gasthofrotewand.de
Garage für Motorrad kostenlos

Alpengasthof Eng
Straße Eng 1+2
A-6215 Hinterriss
Tel. +43/5245/231
www.eng.at
Wellness, kostenloser Mountainbikeverleih, Grillplatz

Hotel Jäger von Fall
Ludwig-Ganghofer Str. 8
83661 Lenggries Fall
Tel. 08045/130
www.jaeger-von-fall.de
Ruhig gelegenes, bikerfreundliches Hotel am Rande des Karwendels; idealer Ausgangspunkt zum Pässefahren

Hotel Ritter am Tegernsee
Ritter Hotelmanagement GmbH
Münchner Straße 11
83707 Bad Wiessee
Tel. 08022/66 56-0
www.ritter-hotel.de
Ein Eldorado für jeden Biker: Sudelfeld, Deutsche Alpenstraße, Tegernsee, Schliersee, Spitzingsee u. v. m.

Ludwig Thoma
Ludwig-Thoma-Weg 19
83684 Tegernsee
Tel. 08022/921 50
www.gaestehaus-ludwig-thoma.de

Seehotel Zur Post
Seestr. 3
83684 Tegernsee
Tel. 08022/665 50
www.seehotel-zur-post.de
Für Motorradfahrer: Parkplatz

ESSEN & TRINKEN

Freihaus Brenner
Freihaus 4
83704 Bad Wiessee
Tel. 08022/865 60
www.freihaus-brenner.de
Bayerische und internationale Küche; Mi–Mo 9–23 Uhr

Gutshof Kaltenbrunn
Kaltenbrunn 1
83703 Gmund am Tegernsee
Tel. 08022/187 07 00
www.gutkaltenbrunn.de
Restaurierter Gutshof mit wunderschönem Biergarten

Kein Grund zur Eile: Wallgau bietet viel Sehenswertes.

Herzogliches Bayerisches Bräustüberl
Schlossplatz 1
83684 Tegernsee
Tel. 08022/41 41
www.braustuberl.de
Im rustikalen Kellergewölbe wird altbayerische Lebensart gepflegt.

SEHENSWERT

Geigenbaumuseum
Ballenhausgasse 3
82481 Mittenwald
Tel. 08823/25 11
www.geigenbaumuseum-mittenwald.de
Öffnungszeiten Hauptsaison: Di–So 10–17 Uhr
Nebensaison: Di–So 11–16 Uhr

VERANSTALTUNGEN

Ballonfahrten
Von Rottach-Egern aus geht es hoch in die Lüfte. Wer schwindelfrei ist, kann sich bei Ballooning über Termine und Abflugorte informieren.
www.ballooning-tegernsee.de

Schiffsausflüge
Rundfahrten ganzjährig ab Gmund, Rottach-Egern, Tegernsee
Bayerische Seenschifffahrt
Tel. 08652/963 60
www.seenschifffahrt.de/tegernsee

Schlittenrennen Gaisach
Beim alljährlichen Schnablerrennen sind nur original einsitzige oder zweisitzige Schnabler zugelassen.
Die Wettfahrt startet vom 1000 Meter hohen Lehener Berg. Termin je nach Schneelage, Information:
Tel. 08042/987 76
www.schnabler.de

Wohl einzigartig:
Tourenparadies
Schlierseer Berge

TOUR 5
Schlierseer Berge

TOUREN-CHECK

DAUER
3,5 Stunden

LÄNGE
116 Kilometer

WAS SIE WISSEN SOLLTEN
Die Route verbindet legendäre Landschaften wie den Spitzingsattel mit berühmt-berüchtigten Straßen, die Biker immer wieder in Heerscharen anziehen. Wenn nur die Bitumenflickerei am Sudelfeld nicht wäre!

SCHWIERIGKEIT
So mancher PS-Freak hat in den Serpentinen des Sudelfelds schon überreizt und seinen Übermut mit dem Leben bezahlt. Häufige Polizeikontrollen.

KLOSTERBIER UND KERNIGE WEGE

Mit Sudelfeld und der angrenzenden Tatzelwurmstraße umfasst diese Tour zwei der anspruchsvollsten Strecken der bayerischen Alpen. Und wie wär's nach dem Kurvenspaß mit einem Besuch im weltberühmten Schlierseer Bauerntheater? So pointiert lässt sich die bayerische Lebensart sonst nirgendwo erleben.

Die Münchner sind zu beneiden: Nicht nur Biergärten gibt es bei ihnen, sondern auch die Alpen haben sie vor der Tür. Dazu der Föhn, der neben Migräne auch den berühmten weiß-blauen Himmel beschert. Und die Stadt selbst ist auch noch attraktiv. Die Gegensätze sind es, die **München** so anziehend machen: Altstadtzauber und Weltstadtflair, Hightech-Hochburg und Biergarten-Gemütlichkeit. Wer also

Berühmt und beliebt: die Isarauen am Flaucher

Tolle Kombi:
BMW-Zentrale und
Olympiapark
in München

Das Foto muss sein: Im Westen Münchens liegt Wenigmünchen.

die bayerische Lebensart außerhalb der Stadtgrenzen kennenlernen will, sollte einen Abstecher nach Aying unternehmen. In diesem schmucken Dorf können Genießer ihren Durst mit Ayinger Bier löschen. Bier ist hier Programm, und so gibt es tatsächlich auch eine Bier-Wanderkarte, die einen vom Gasthof zum Metzger, vom Tal auf den Berg führt.

ENGE SCHLUCHTEN UND PANORAMABLICK

Der Weg in die Schlierseer Berge führt, an **Unterhaching** vorbei, nach **Sauerlach**. Unterhaching wurde vor allem durch die Spielvereinigung Unterhaching bekannt, die immerhin zwei Saisons in der 1. Bundesliga als David gegen die Goliaths kämpfte. Schwungvoll geht es auf der gut ausgebauten Straße bis nach Holzkirchen, hinein ins **Mangfallknie**. Das Tal der Mangfall strebt vom Tegernsee kerzengerade nach Norden, bevor der Fluss bei Grub plötzlich kehrtmacht und nach Südosten weiterfließt. Bei Weyarn und Grub sind vielerorts tiefe Schluchten eingeschnitten. Im Schlierachtal begrüßt uns die beschauliche Stadt Miesbach, die seit Erhalt der Marktrechte (1367) eine betriebsame Stadt geworden ist. Von alters her wurde hier gehandelt: mal Salz an den Mann gebracht und oder aber um Wein und Vieh gefeilscht. Heute bestimmen die engen, verwinkelten Gassen und die herausgeputzten Bürgerhäuser das Bild um den ensemblegeschützten Marktplatz.

MORÄNENHÜGEL UND SAFTIGE WIESEN

Das blaue Nass des Schliersees liegt inmitten von Hügeln, umgarnt von Baum- und Wiesenlandschaften, die sich im Hintergrund zu Gebirgen erheben. Im Grün des Tales sitzen wie i-Tüpferl die Häuser, reich verziert mit Lüftlmalerei und geschnitztem Holzbeiwerk. Eine behagliche Idylle, durch die man in sanftem Auf und Ab schaukelt.

Der Ort **Schliersee** ist längst nicht so idyllisch wie der See selbst, denn bereits im 19. Jahrhundert rissen Münchner

Herrlich historisch: Schloss Nymphenburg mit Wasserspiel und Park

Unbedingt: der Spitzingsattel ist anfängertauglich

Künstler den kleinen Ort aus seinem geruhsamen Schlaf. Heute zieht das Schlierseer Bauerntheater die Massen in Scharen an – immerhin gastierte das Theater bereits in vielen Teilen der Welt. Wer also seine Kenntnisse des Bayerischen testen möchte, kann Karten im örtlichen Reisebüro ergattern. Allerdings lockt uns auch die Gipfelwelt der Schlierseer Berge. In einem Hochtal verborgen liegt der romantische **Spitzingsee**. Eine gut ausgebaute Straße führt hinauf zum Spitzingsattel, der neben dem Spitzingsee auch einen fantastischen Blick auf den Schliersee und auf das romantische Leitzachtal offeriert. Dorthin geht es zurück, nach **Fischbachau**, ein erholsamer Ort, der u. a. ein ehemaliges Benediktiner-Münster beherbergt, das als besterhaltene

SCHLIERSBERGALM

Enge Kurven und spitze Kehren bietet sommers wie winters der »Bob-O-Gan-Rodel«, der Sie von der Schliersbergalm ins Tal befördert. Folgen Sie in Schliersee der Beschilderung Ferienpark Schliersbergalm bis zur Seilbahnstation. Infos: www.schliersbergalm.de

Basilika Südbayerns gilt. Der Name des Ortes verrät aber vor allem einen vergangenen kulinarischen Reichtum. So bot in diesem malerischen Tal die einst reißende Leitzach eine Fülle an Fisch. Ob es am Fisch lag, weiß man nicht, jedenfalls flohen einige Benediktiner aus der »wüsten Einsamkeit« Fischbachaus nach **Bayrischzell** – inzwischen ein Fremdenverkehrsort, der bereits seit Jahrzehnten auf Tourismus eingestellt ist. Hier kann auch jeder Ungeübte leicht besohlt zum **Wendelstein** aufbrechen, da die Infrastruktur auf alle Bedürfnisse ausgerichtet ist.

WENDELSTEIN, SUDELFELD UND TATZELWURM

Ein Ausflug auf den Hausvater des Ortes ist immer empfehlenswert. Eine Seilbahn in Osterhofen und eine Zahnradbahn in **Brannenburg** bringen einen auf den 1838 Meter hohen **Wendelstein**, der mit seinem grauen Fels und den imposanten Steilwänden die Blicke auf sich zieht. In luftiger Höhe wurde ein Panorama-Gipfelweg angelegt, der eine fantastische Rundumsicht bietet. Wem es bei solch einer Höhe schwindelt, der kann auch in die Tiefe steigen, nämlich in die eiskalte Wendelstein-Höhle, die 200 Meter weit begehbar ist.

Ein Anblick wie aus dem Bilderbuch offenbart sich auf dem Weg zum **Oberen Sudelfeld**: eine Almlandschaft mit blumenübersäten Bergwiesen und dem Glockengeläut grasender Bergkühe. Für Skisportler ist das Sudelfeld im Winter ein beliebtes Ziel, im Sommer sammeln sich die Motorradfahrer zur rauschenden Bergauffahrt. Der Gipfelsturm geht weiter bis zum Endpunkt der **Deutschen Alpenstraße**: dem **Tatzelwurm**. Eine Rast im Gasthof Feuriger Tatzelwurm bietet die Gelegenheit zum Austausch mit Gleichgesinnten. Weiter geht es dann zu den 70 Meter hohen Tatzelwurm-Fällen, die in drei Kaskaden durch Felsklüfte hindurch ins Tal stürzen. In Richtung **Oberaudorf** führt uns die mautfreie Strecke ins Inntal, nach **Kiefersfelden** – zum letzten Zipfel Bayerns im Inntal.

Legendär: das Café Kotz am Sudelfeld

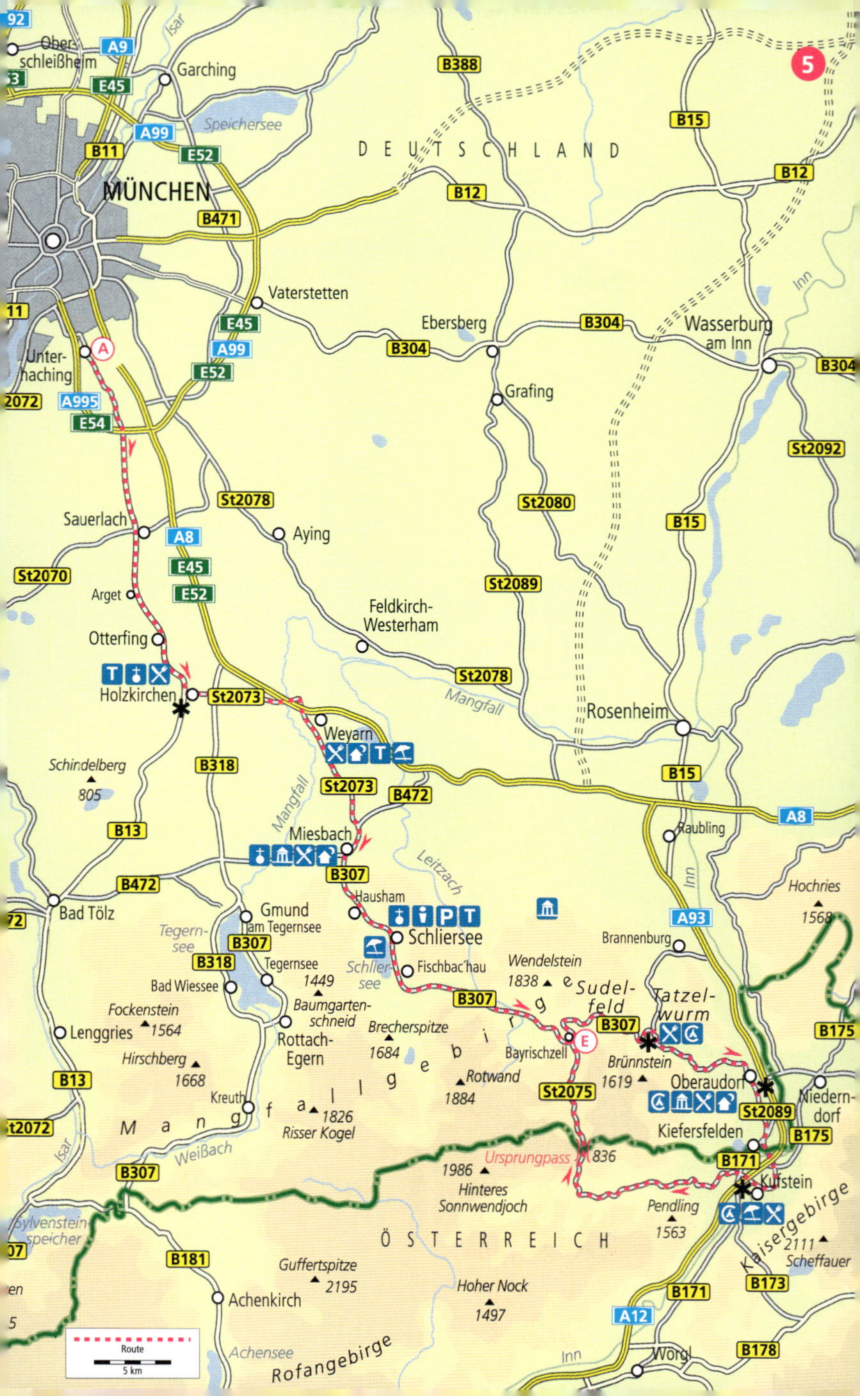

5
DEUTSCHLAND
MÜNCHEN
Garching
Ober-schleißheim
Speichersee
Vaterstetten
Ebersberg
Wasserburg am Inn
Grafing
Unter-haching
Sauerlach
Aying
Arget
Otterfing
Holzkirchen
Feldkirch-Westerham
Mangfall
Rosenheim
Weyarn
Schindelberg 805
Miesbach
Leitzach
Raubling
Bad Tölz
Gmund am Tegernsee
Hausham
Schliersee
Tegernsee
Brannenburg
Hochries 1568
Wendelstein 1838
Sudelfeld
Tatzelwurm
Fischbachau
Bad Wiessee
Baumgartenschneid 1449
Fockenstein 1564
Lenggries
Brecherspitze 1684
Bayrischzell
Rottach-Egern
Hirschberg 1668
Rotwand 1884
Brünnstein 1619
Oberaudorf
Niederndorf
Kiefersfelden
Kreuth
Mangfallgebirge
Risser Kogel 1826
Ursprungpass 836
Kufstein
Weißach
Isar
Inn
Sylvensteinspeicher
1986 Hinteres Sonnwendjoch
Pendling 1563
Kaisergebirge
2111 Scheffauer
ÖSTERREICH
Guffertspitze 2195
Achenkirch
Hoher Nock 1497
Wörgl
Achensee
Rofangebirge
Route
5 km

INFORMATION

Kurverwaltung & Gästeinformation Schliersee
Bahnhofstr. 11a
83727 Schliersee
Tel. 08026/606 50
www.schliersee.de,
www.bayrischzell.de,
www.fischbachau.de

UNTERKUNFT

Hotel Ritter am Tegernsee
Ritter Hotelmanagement GmbH
Münchner Straße 11
83707 Bad Wiessee
Tel. 08022/66 56-0
www.ritter-hotel.de

Bunt: Nachsaison am Schliersee

Ein Eldorado für jeden Biker: Sudelfeld, Deutsche Alpenstraße, Tegernsee, Schliersee, Spitzingsee u. v. m.

Alpenrose
Schlierseer Str. 6
83735 Bayrischzell
Tel. 08023/81 93 06
www.bayrischzell-alpenrose.de

Hotel Garni Konrad
Rosenheimer Straße 16–18
83607 Holzkirchen
Tel. 08024/47 69 10
www.hotel-konrad.de

Sporthotel Wilder Kaiser
Naunspitzstr. 1
83080 Oberaudorf
Tel. 08033/92 50
www.wilderkaiser.de
Mit Fitnessraum, Sauna, Restaurant; für Motorradfahrer: Parkplatz, Trockenraum

Gasthof zum Neuwirt
Tölzerstr. 1
83679 Sachsenkam
Tel. 08021/55 06
www.neuwirt-sachsenkam.de
Biergarten

Hotel Neuwirt
Bahnhofstraße 13
82054 Sauerlach
Tel. 08104/667 90

Selfie-tauglich: Blick vom Spitzingsattel ins Voralpenland

www.hotel-neuwirt.de
Kostenlose Stellplätze, Garage gegen Aufpreis

ESSEN & TRINKEN

Klosterbräu Stüberl Schäftlarn
Kloster Schäftlarn 16
82067 Ebenhausen
Tel. 08178/36 94
www.klosterbraeustueberl-schaeftlarn.de
Oase der Ruhe. Angenehmer Biergarten, bayerische Spezialitäten

Kloster Reutberg
Am Reutberg 2
83679 Sachsenkam
Tel. 08021/86 86
www.klosterbraeustueberl-reutberg.de
Sehr schöner Biergarten

Gasthof Ochsenwirt
Carl-Hagen-Str. 14
83080 Oberaudorf
Tel. 08033/307 90
www.ochsenwirt.com
Ältestes Wirtshaus im Inntal, gehobene bayerische Küche

SEHENSWERT

Kloster Reutberg
Am Reutberg 1–3
83679 Sachsenkam
Tel. 08021/86 86
Führung durch die Klosterkirche nach Voranmeldung, mit Klosterapotheke

Sudelfeld und Tatzelwurm
Tatzelwurm-Fälle: Schlucht mit hohen Wasserfällen beim Gasthof »Feuriger Tatzelwurm«; Herausfordernde, schöne Strecke

Bitte merken: Im Frühling und Spätherbst gehört der Chiemsee dem Genießer.

TOUR 6

Chiemgauer Berge

TOUREN-CHECK

DAUER

4 Stunden

LÄNGE

180 Kilometer

WAS SIE WISSEN SOLLTEN

Berge und bayerische Zwiebeltürme bilden die ideale Kulisse für Biker-Traumpisten, die es zu erobern gilt. In der Regel garantieren die guten Straßen ungetrübten Fahrgenuss.

SCHWIERIGKEIT

Bis auf den Klobensteinpass und die kurvenreiche Überquerung des Samerbergs einfache und genussvolle Tour.

BERGKULISSE UND ZWIEBELTÜRME

Mit dem Schloss Herrenchiemsee und der malerischen Fraueninsel ist das bayerische Meer, wie der Chiemsee liebevoll genannt wird, an sich schon Attraktion genug. Doch auch in der Umgebung finden sich märchenhafte Schlösser, geheimnisvolle Höhlenburgen und malerische Altstädte – und das Ganze verbunden durch Kurvenstrecken vom Feinsten.

Urwüchsig und malerisch lockt das Land zwischen München und den Alpen. Idealer Ausgangspunkt für die Annäherung an den **Chiemgau** ist **Wasserburg am Inn**. Und – wie der Bayer sagt – deppert ist der, der sich dieses historische Kleinod,

Historisch einzigartig: Wasserburg am Inn

Geschichtsstunde: Museum Amerang mit zahlreichen Sehenswürdigkeiten

malerisch auf einer Halbinsel gelegen, nicht anschaut. Verborgen hinter haushohen, steinalten Stadtmauern mit Erkern und Zinnen, zählt Wasserburg zum Schönsten, was Deutschland zu bieten hat. Im 14. Jahrhundert erhielt die wehrhafte Siedlung von Ludwig von Bayern die Stadtrechte – und von da an ging es bergauf. Der Salzhandel und die einmalige Lage am Fluss begünstigten die Schifffahrt und verhalfen Wasserburg zur wirtschaftlichen Blüte. Zeichen aus jener Epoche des Wohlstands sind bis heute die stattlichen Bürgerhäuser und Kirchen. Geht man vom Rathaus weiter über den Roten Turm bis zur Schönen Aussicht, überblickt man die gotische Altstadt mit der Inn-Promenade.

Vorbei an eiszeitlich geformten Moränenhügeln, erreicht man danach Amerang. Romantisches und südliches Flair

Eine Schau! Neubeuerns historisches Zentrum

erfüllt Schloss **Amerang**, wenn der Schlossherr im Sommer Konzerte im Schlosshof veranstaltet.

BIZARRE SKULPTUREN UND GERAUBTE MÄDCHEN

Bevor man sich dem ganz großen Gewässer nähert, findet man in **Obing** einen der wenigen Orte abseits des **Chiemsees**, die einen See ihr Eigen nennen. Das Wasser ist von einem breiten Schilfgürtel umgeben, der nordöstlich mit einer schönen Liegewiese zum Verweilen einlädt. Neben dem Sonnen, Baden und Rudern ist auch fürs leibliche Wohl gesorgt. Die Petrijünger ergattern in der Weite des Sees Zander, Aale und Regenbogenforellen, die in den vielen Gasthöfen den Gaumen kitzeln.

Bizarr sind die Arbeiten von mehr als 25 Bildhauern, deren Werke auf einem Rundweg um den Obinger See ausgestellt sind. Klassisch in Stein gehauene Objekte wechseln sich ab mit Arbeiten aus rostigen oder glänzenden Metallen. Düster präsentiert sich die alte Burg der Törringer auf Stein, deren alte Höhlenburg über einen Abstecher mit Taschenlampe unter fachkundiger Leitung zu entdecken ist. Dabei

Malerwinkel: Hafen von Gstadt mit Chiemseeblick

wandelt man auf den Spuren des »wilden Raubritters Heinz von Stein«, der früher seinen Mitmenschen das Fürchten lehrte. Dies besorgt heute schon allein der Anblick des Gefängnisses und das fensterlose »Gemach für die geraubten Mädchen«.

DAS »BAYERISCHE MEER«

Zurück in der Zivilisation, nähern wir uns dem romantisch gelegenen **Kloster Seeon**: inmitten eines Moorsees auf einer Halbinsel, illuminiert vom weiß-blauen bayerischen Himmel. Die Fahrt geht weiter, durch sanft welliges, von Hochmooren und Moor- und Waldseen durchsetztes Hügelland ins mondäne **Seebruck** mit seinem Jachthafen und den hübschen Badeanstalten.

Erst hier öffnet sich der größte bayerische See – der Chiemsee. Gegensätze ziehen sich ja bekanntlich an, und so liegt im größten See Bayerns wiederum die kleinste Gemeinde Bayerns, bestehend aus drei Inseln: **Herreninsel**, **Fraueninsel** und **Krautinsel**. Die Fraueninsel ist eine Rarität unter den bewohnten Inseln. Es ist das Eiland der Nonnen und

Porentief begeisternd: Touren in den Chiemgauer Alpen

Bikertreff: Kloster Seeon besitzt ein prächtig liegendes Café direkt am See.

Fischer und zugleich ältester Kulturboden Bayerns. Eine turbulente Schar von Künstlern mietete sich dort ein und manche blieben für immer dort. Davon zeugt der Friedhof, auf dem neben Fischern, Handwerkern und Wirtsleuten auch die »Zuagroasten« ihre ewige Ruhe gefunden haben. Als Verbeugung vor dem Sonnenkönig ist es wohl zu verstehen, dass unter der Regie von Ludwig II. eine seiner ehrgeizigsten und damit kostspieligsten Unternehmungen begann: Auf der Herreninsel sollte ein neues Versailles entstehen. Als jedoch 16 Mio. Goldmark ausgegeben waren, ohne dass das Schloss fertiggestellt war, wurde die siebenjährige Bauzeit (1878–1885) beendet – dafür wohnte der König ganze neun Tage dort.

Wir lassen das bayerische Meer zurück und stürzen uns in die hinreißende Atmosphäre von **Reit im Winkl**. Der **Weitsee** vor den Toren des Ortes versöhnt all jene, die immer noch nicht nach Kanada ausgewandert sind. Die Grasfelder flimmern rötlich neben kristallklaren Seegewässern vor dramatischer Bergkulisse.

WINKLMOOSALM

Einen Panoramablick können Sie auf der Winklmoosalm genießen, wenn Sie von Seegatterl aus die steile Mautstraße erklimmen. Skilifte oder die ganzjährige geöffnete Sesselbahn auf das Dürmbachhorn bringen Sie zur Bergstation. Wenige Meter zu Fuß bis zum Gipfelkreuz und schon eröffnet sich ein traumhafter Blick auf die mannigfaltigen Alpen-Winkel.

Reit im Winkl mit seinen bemalten Fassaden und den geschnitzten Holzbalkonen und ein weiteres Kurvenfeeling machen das Glück perfekt, das auf dem Weg nach Grassau förmlich explodiert – liegt doch der kleine Ort zwischen sepiafarbenem Moor und blau aufragenden Bergwänden eingebettet. Bilderbuchidylle, wohin das Auge schweift.

Eine Perspektive ganz anderer Art bietet die Deutsche Alpensegelflugschule in Unterwössen. Auch wenn die Vorstellung verlockend ist, lautlos wie ein Adler durch die Luft zu kreisen, so geben wir uns den Berggipfeln der Bayerischen und Tiroler Alpen lieber von unten hin. Denn dort im weiten Inntal liegt der Luftkurort **Brannenburg**, von dem eine Mautstraße (ca. 2 €) zu dem 70 Meter hohen Wasserfall des **Tatzelwurms** und zur gleichnamigen Ausflugsgaststätte führt. Einen weiteren Augenschmaus bietet das nahe **Neubeuern**, dessen malerische Kulisse auch von den Filmschaffenden geschätzt wird. Geschmückte Häuserfassaden, auf denen fröhlich-bunte Ornamente sich um Türen und Fenster ranken, erfüllen den Ort. Ein Festschmaus im Restaurant Heuberg bietet den gelungenen Abschluss, bevor es über Rosenheim nach Wasserburg zurückgeht.

Echt filmreif: Neubeuerns Tourist-Info

DEUTSCHLAND
ÖSTERREICH
Ebersberg
Grafing
Wasserburg am Inn
Eiselfing
Attel
Rott am Inn
Schechen
Rosenheim
Kolbermoor
Bad Aibling
Feldkirchen
Aying
Schabing
Obing
Amerang
Halfing
Bad Endorf
Seeon
Seebruck
Trostberg
Altenmarkt
Traunreut
Tittmoning
Laufen
Tachinger See
Waginger See
Traunstein
Grabenstätt
Chiemsee
Simssee
Prien
Bernau am Chiemsee
Frasdorf
Aschau
Grassau
Staudach-Egerndach
Marquartstein
Unterwössen
Siegsdorf
Ruhpolding
Bad Reichenhall
Rohrdorf
Achenmühle
Neubeuern
Breiten
Nußdorf
Brannenburg
Oberaudorf
Kiefersfelden
Niederndorf
Kössen
Reit im Winkl
Seegatterl
Miesbach
Hausham
Schliersee
Fischbachau
Tegernsee
Rottach-Egern
Bayrischzell
Mangfallgebirge
Chiemgauer Alpen
Zahmer Kaiser
Hochries 1568
Kampenwand 1669
Geigelstein 1813
Hochfelln 1671
Gurnwandkopf 1691
Dürrnbachhorn 1778
Sonntagshorn 1961
Hochstaufen 1771
Karkopf 1739
Wartsteinkopf 1758
Fellhorn 1765
Steinplatte 1869
Pyramidenspitze 1997
Wendelstein 1838
Brünnstein 1619
Brecherspitze 1684
Rotwand 1884
Risser Kogel 1826
Inn
Salzach
Alz
Traun
Rote Traun
Weiße Traun
Tiroler Ache
Prien
Mangfall
Leitzach
Saalach
A8
A93
B304
B15
B305
B306
B307
B20
B21
B172
B175
B176
B178
R037
St2080
St2089
St2078
St2073
St2075
St2092
St2360
St2094
St2095
St2091
St2106
St2357
St2105
St2104
St2063
St2359
St2093
St2098
St2101
Route
5 km

INFORMATION

Chiemgau Tourismus e.V.
Haslacher Str. 30
83278 Traunstein
Tel. 0861/909 59 00
www.chiemgau-tourismus.de

Chiemsee-Alpenland Tourismus GmbH & Co. KG
Felden 10
83233 Bernau am Chiemsee
Tel. 08051/96 55 50
www.chiemsee-alpenland.de

UNTERKUNFT

Hotel St. Georg GmbH
Ghersburgstraße 18
83043 Bad Aibling
Tel. 08061/497-0
www.sanktgeorg.com
Ausgangspunkt für wunderschöne Bikertouren. Tourenvorschläge und Karten stehen vor Ort kostenlos zur Verfügung; Kostenlose Tiefgarage.

Lupenrein: Frühsport in Inzell

Gasthof Zur Post-Oberwirt
Laimgruber Str. 5
83339 Chieming
Tel. 08664/14 81
www.oberwirt-chieming.de

Hotel Seeluna
Am Priel 3
85560 Ebersberg
Tel. 08092/828 50
www.hotel-seeluna.de

Hambergers Posthotel
Kirchplatz 7
83242 Reit im Winkel
Tel. 08640/98 70
www.hambergers-posthotel.de
Garage vorhanden

Hotel San Gabriele
Zellhornstr. 16
83026 Rosenheim
Tel. 08031/260 70
www.hotel-sangabriele.de
Design-Hotel vom Architekten Rudolf Rechl

Hotel Fletzinger Bräu
Fletzingergasse 3
83512 Wasserburg am Inn
Tel. 08071/90 40 90
www.fletzinger.de
Traditionshaus mit Biergarten

ESSEN & TRINKEN

Gasthof Fischerstüberl Attel
Elend 1
83512 Wasserburg
Tel. 08071/25 98
www.fischerstueberlattel.de
Liegt unterhalb des Klosters Attel. Leichte Küche, Fisch-spe-zialitäten, orientalische und vegetarische Gerichte, Wein aus ökologischem Anbau; im Hause: Bistro, Wunderlampe.

SEHENSWERT

EFA-Autmobil-Museum Amerang
Wasserburger Str. 38
83123 Amerang
Tel. 08075/81 41
www.efa-automuseum.de
Geöffnet täglich außer Montag von 10–18 Uhr

Bauernhausmuseum Amerang
Hopfgarten 2
83123 Amerang
Tel. 08075/91 50 90
www.bhm-amerang.de

Skulpturenprojekt
Obing am See
25 Bildhauer stellen ihre Werke auf einem Rundweg um den Obinger See aus.
Tel. 08624/1327
www.zuzuku.de
www.obing.de

Lust auf bunt?
Herbst im Chiemgau

VERANSTALTUNGEN

Chiemsee-Schifffahrt
Ludwig Fessler
Seestraße 108
83209 Prien am Chiemsee
Tel. 08051/60 90
www.chiemsee-schifffahrt.de

Kultur- und Bildungszentrum Kloster Seeon
In dieser Einrichtung des Bezirks Oberbayern werden unzählige und breit gefächerte kulturelle Veranstaltungen angeboten. Die Angebote reichen von Volksmusik über Konzerte klassischer Musik bis hin zu Jazzdarbietungen und Theateraufführungen sowie einer Mozartwoche zu Ostern.
www.kloster-seeon.de

Weltberühmt: Der Königssee gehört zur Tourenplanung – zumindest einmal im Leben.

TOUR 7
Berchtesgadener Land

TOUREN-CHECK

DAUER
3 Stunden

LÄNGE
150 Kilometer

WAS SIE WISSEN SOLLTEN
Der Watzmann wird keinem Biker zum Schicksal – im Gegenteil: Es geht beschwingt und kraftvoll durchs Berchtesgadener Land.

SCHWIERIGKEIT
Mischung aus unschweren Landstraßenabschnitten und anspruchsvollen alpinen Strecken. Vor allem im Hochsommer Vorsicht vor unachtsamen Autotouristen.

SALZ UND HIMMELNAHE FELSEN

Spuren uralten Bergbaus und des Salzhandels laden ebenso zu Streifzügen in die Geschichte ein wie die schmucken Städtchen entlang der Salzach. Doch Langeweile kommt bei dieser Tour ohnehin nicht auf, denn mit der Fahrt übers Wachterl zum Hintersee steht ein fahrerischer Leckerbissen auf dem Programm.

Altötting liegt im Inn-Salzach-Tal. Geistliche und weltliche Fürsten wie auch die Frömmigkeit des Volkes haben – zusammen mit dem kaufmännischen Bürgerstolz – das Stadtbild geprägt. Und seit Jahr und Tag lockt eine kleine,

Malerwinkel Nr. 2: der Hintersee, ein unbekannter Hingucker

ruß-geschwärzte Muttergottesstatue die Pilger nach Altötting. Wesentlich weltlicher präsentiert sich dagegen die frühbajuwarische Siedlung **Burgkirchen an der Alz**. Gerade in den Ortsteilen Höresheim und Pirach hat sich die dörfliche Idylle konserviert, sodass man ganz relaxt im Hier und Jetzt die Schönheit des Alztales genießen kann. Dies taten bereits römische Kolonisten, die sich hier niederließen, um die Aulandschaft mit ihrer reichen Flora und Fauna recht nah bei sich zu haben.

TITTMONING – ZANKAPFEL IM DORNRÖSCHENSCHLAF

Es geht weiter entlang der Salzach nach **Tittmoning**, einst ein umkämpfter Ort zwischen Bayern und Salzburg, denn Tittmoning war über Jahrhunderte hinweg Umschlagplatz für das Halleiner und Bad Reichenhaller Salz. Davon spürt man jedoch nichts mehr, wenn man heute durch das Örtchen

schlendert. Verwunschene Gassen und eine romantische Burganlage geben Anlass zu der Vermutung, dass es wohl hier gewesen sein muss, wo Dornröschen geschlafen hat.

Dagegen tummeln sich im nahen Leitgeringer See Karpfen, Aale und Hechte. Der See liegt anmutig auf einem Hochplateau, dessen Ufer mit Schilf bewachsen sind. Im Sommer bietet der Laubwald Erfrischung für all jene, die sich ins kühle Nass werfen. Sanfte Hügelwellen begleiten uns bis nach **Waging**, vorbei am Tachinger und **Waginger See**. Beide Seen sind lediglich durch einen schmalen Endmoränenkamm voneinander getrennt. Die Moorhaltigkeit und die geringe Tiefe geben dem Waginger See eine wohlige Temperatur, sodass man bereits im Frühling ein Bad wärmstens empfehlen kann. Waging selbst ist eine gemütliche Perle mit Kirche, Mariensäule und urigen Wirtshäusern, die zum Aufenthalt einladen ebenso wie die vielen Campingplätze und Bootsstege am **Tachinger See**. Der nächste Ort – **Petting** – ist Ausgangspunkt für Wanderer, die sich ins größte zusammenhängende Moorgebiet Süddeutschlands, das **Schönramer Filz** wagen wollen. Torfste-

Für Warmduscher: Badespaß am Waginger See

Auch für Atheisten:
Altötting ist schon
sehenswert.

Im Sommer fest in Japaner-Hand: die Fähren auf dem Königssee

cher sind mit etwas Glück noch bei ihrer Arbeit anzutreffen. Nur – in Motorradstiefeln sollte der Weg gut überlegt sein, denn auch bei gutem Wetter sind Gummistiefel für eine Moorwanderung immer noch passender.

WATZMANN – DER SAGENUMWOBENE SCHICKSALSBERG

Es geht beschwingt an **Freilassing** und **Bad Reichenhall** vorbei nach **Berchtesgaden**, das malerisch in einzigartiger Terrassenlage am Sonnenhang eines Talkessels liegt, umgeben von Felsgiganten, die Zähne zeigen wie der **Watzmann**, den u. a. der Liedermacher Wolfgang Ambros in einem Lied verewigt hat. Der sagenumwobene Schicksalsberg soll eine versteinerte Königsfamilie darstellen, die ihr schauerliches Los ihrem Familienoberhaupt zu verdanken hat,

SALZBERGWERK BERCHTESGADEN

Erleben Sie das historische Salzbergwerk und seine jahrhundertealte Geschichte. Die Führung durch Bergknappen und die Fahrt mit der Grubenbahn über lange Rutschen und durch dunkle Stollen werden Sie so schnell nicht vergessen. Infos unter www.salzbergwerk.de

der die ganze Umgebung in Angst und Schrecken versetzt hat. So griffen eines Tages höhere Mächte ein, um seinem Unwesen Einhalt zu gebieten und ließen den König samt Frau und Kindern zu Felsgestein erstarren. Heute blickt er als ewiges Wahrzeichen hinab ins **Berchtesgadener Land**. Eine andere Sage berichtet, dass das Blut der verfluchten Königsfamilie zu einem See am Fuß des Bergmassivs zusammengeflossen sein soll. Das mag wohl niemand glauben angesichts des betörend smaragdgrünen Wassers des **Königssees**, das sich nahezu 190 Meter tief zwischen den Felswänden des Watzmanns, des Hagengebirges und des Steinernen Meeres absenkt.

DEM HIMMEL SO NAH

Die atemberaubende Schönheit dieses Winkels eröffnet sich eigentlich nur von oben. Der Aufstieg ins Reich der königlichen Aussicht ist aber mit Stiefeln, Rucksacktasche usw. zu beschwerlich. Somit bietet sich die Fahrt mit der Jennerbahn (Ortsteil Schönau-Königsee) an, die dafür knapp

30 Minuten benötigt. Der Lohn für die bequeme Fahrt ist der prächtige Blick auf die steinernen Majestäten und den Königssee mit **St. Bartholomä**, dem Kleinod des Alpennationalparks.

Die Trennung fällt schwer, doch die Route bietet noch weitere wuchtige Erlebnisse. Wohlige Seufzer entfliegen einem beim Anblick der Ramsauer Pfarrkirche: Ganz im Einklang mit der Natur steht das Kircherl da über der sprudelnden Ramsauer Ache und unter der Reiteralpe und ist deshalb das Topmodel für Fotografen und Filmemacher. Natürlich ist die Dorfstraße zur Kirche hin längst eine pulsierende Ader des Fremdenverkehrs. Trotzdem – die perfekte Inszenierung und die unwiderstehliche Ausstrahlung dieser Komposition sollte man genießen. **Ramsau** ist fast zu schön, um wahr zu sein. Neben Hintersee und verwunschenem Zauberwald sind der leuchtende Blaueisgletscher und die aufregende Wimbachklamm weitere Augenleckerlis, die unerbittlich locken. Der Tag endet perfekt mit einer kurvenreichen Strecke nach **Schneizelreuth** und Bad Reichenhall.

Auf Abwegen: unterwegs im Hinterland von Traunstein

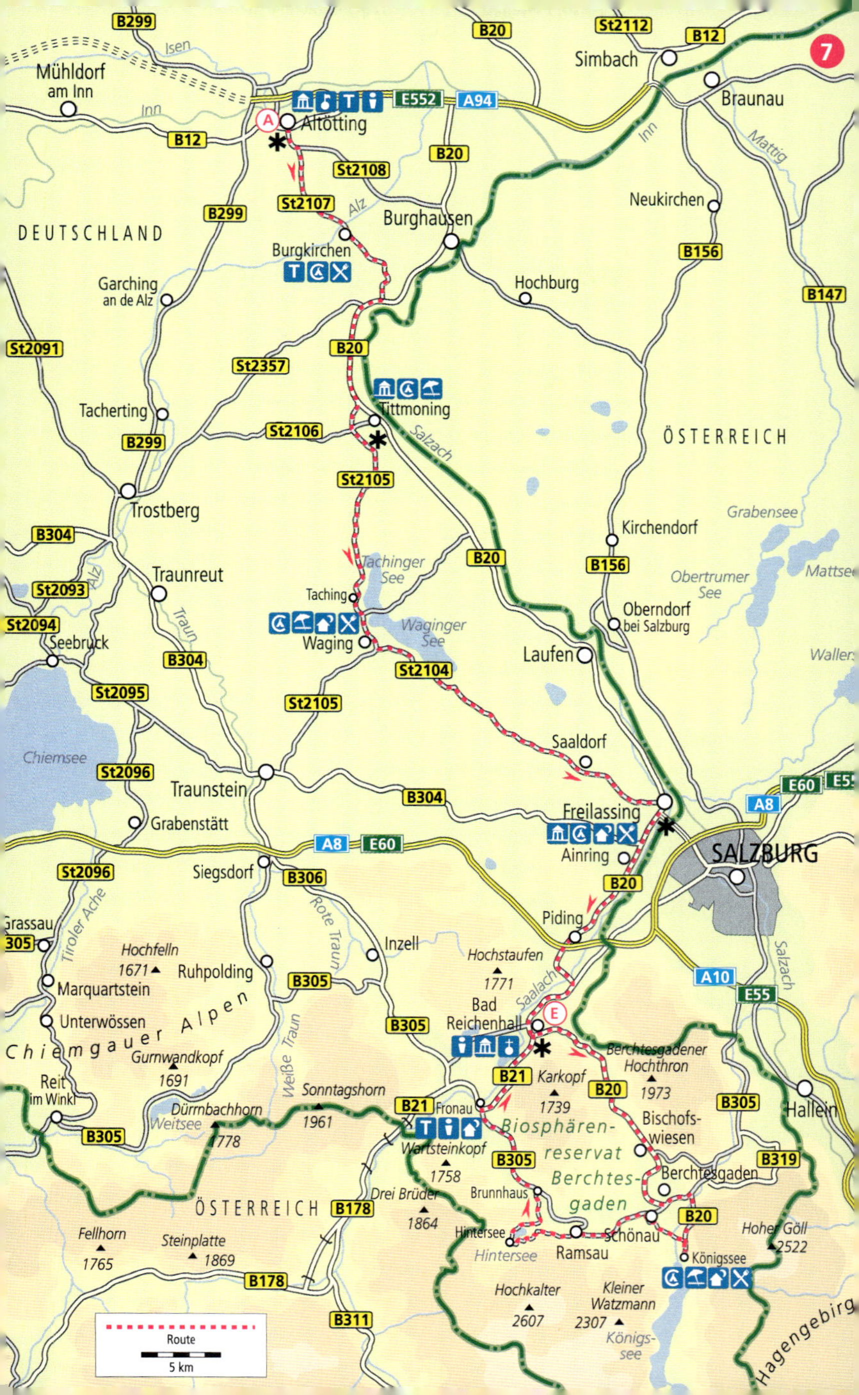
7
Mühldorf am Inn
Altötting
Simbach
Braunau
Burghausen
Burgkirchen
Neukirchen
Hochburg
Garching an de Alz
DEUTSCHLAND
ÖSTERREICH
Tacherting
Tittmoning
Salzach
Trostberg
Traunreut
Kirchendorf
Grabensee
Obertrumer See
Mattsee
Tachinger See
Taching
Waginger See
Waging
Oberndorf bei Salzburg
Laufen
Seebruck
Chiemsee
Saaldorf
Traunstein
Freilassing
Grabenstätt
Ainring
SALZBURG
Siegsdorf
Piding
Grassau
Hochfelln 1671
Ruhpolding
Inzell
Hochstaufen 1771
Marquartstein
Unterwössen
Bad Reichenhall
Chiemgauer Alpen
Gurnwandkopf 1691
Karkopf 1739
Berchtesgadener Hochthron 1973
Hallein
Reit im Winkl
Dürrnbachhorn 1778
Sonntagshorn 1961
Weitsee
Fronau
Biosphärenreservat Berchtesgaden
Bischofswiesen
Wartsteinkopf 1758
Berchtesgaden
Drei Brüder 1864
Brunnhaus
Schönau
Hintersee
Ramsau
Königssee
Hoher Göll 2522
Fellhorn 1765
Steinplatte 1869
Hochkalter 2607
Kleiner Watzmann 2307
Hagengebirg
Isen
Inn
Alz
Mattig
Traun
Rote Traun
Weiße Traun
Tiroler Ache
Saalach
Wallersee
B299
B20
St2112
B12
E552
A94
St2108
St2107
B156
B147
St2091
St2357
St2106
St2105
B304
St2093
St2094
St2095
St2104
St2096
E60
A8
E55
B306
B305
A10
B21
B319
B178
B311
Route
5 km

INFORMATION

Bayerische Fernwege e.V.
Sparte Deutsche Alpenstraße
c/o Alpin Consult
Siedlerstr. 10
83714 Miesbach
Tel. 08025/924 49 52
www.deutsche-alpenstrasse.de

Zweckverband Erholungs- und Tourismusregion Inn-Salzach
Bahnhofstraße 7
84503 Altötting
Tel. 08671/50 24 44
www.inn-salzach.com

UNTERKUNFT

Hotel Zwölf Apostel
Kapuzinerstr. 3
84503 Altötting
Tel. 08671/969 60
www.hotel-zwoelf-apostel.de

Heimatliebe: Bayernwappen am Zaun

Villa Sudrow
Rinckstraße 3
83435 Bad Reichenhall
Tel. 08651/983 10
www.villa-sudrow.de

Haus Amberger
Schillerstr. 5
83457 Bayerisch Gmain
Tel. 08651/98 65-0
www.amberger-hotel.de
Sportangebote: z. B. Schluchtenschwimmen oder Rafting. Für Motorradfahrer: Garage, Trockenraum, Zeltplatz

Post Burghausen
Stadtplatz 39
84489 Burghausen
Tel. 08677/96 50
www.altstadthotels.net
Das 500 Jahre alte Hotel Post ist zugleich auch ein Museum.

Alpenhof
Richard-Voss-Str. 30
83471 Schönau
Tel. 08652/60 20
www.alpenhof.de

Hotel Eichenhof
Angerpoint 1
83329 Waging am See
Tel. 08681/40 30
www.hotel-eichenhof.de
Tennis, Golf, hauseigener Badestrand, Tretboote usw.

ESSEN & TRINKEN

Berggasthof Vorderbrand
Vorderbrandstr. 91
83471 Berchtesgaden
Tel. 08652/20 59
www.gasthof-vorderbrand.de

Post Burghausen
Stadtplatz 39
84489 Burghausen
Tel. 08677/96 50
www.altstadthotels.net

SEHENSWERT

Gnadenkapelle in Altötting
Zentraler Anlaufpunkt der Wallfahrten nach Altötting. Besonders sehenswert sind die rund 2000 Votivtafeln, auf denen die Gläubigen Wünsche sowie Dank für Errettung aus Not bildlich festgehalten haben. Am Kapellplatz im Stadtzentrum, www.altoetting.de

Haus der Berge
Hanielstraße 7
83471 Berchtesgaden
Tel. 08652/979 06 00
www.haus-der-berge.bayern.de

Nationalpark Schönau Informationsstelle Königssee
(im ehem. Bahnhof Königssee)
Seestr. 17
83471 Schönau am Königssee
Tel. 08652/622 22

Tummelplatz: Gastronomie am Königssee

Öffnungszeiten:
Mai bis Mitte Okt. tägl.,
sonn- und feiertags 9–17 Uhr

Salzbergwerk Berchtesgaden
Bergwerkstr. 83
83471 Berchtesgaden
Tel. 08652/600 20
www.salzbergwerk.de
Öffnungszeiten:
01.05.–31.10.: 9–17 Uhr
02.11.–30.04.: 11–15 Uhr

VERANSTALTUNGEN

Königsseeschifffahrt
Von Mitte Mai bis September können am Königssee auch Ruderboote gemietet werden. Schiffsverkehr ganzjährig.
Tel. 08652/96 36–18

»Montag auf Nacht werd Musi gmacht«
Von Mitte Juni bis Mitte September gibt es in der Berchtesgadener Fußgängerzone jeden Montag ab 18 Uhr Livemusik mit einheimischen Kapellen.

Biertrinkers Paradies: Hopfenreben in der Hallertau

TOUR 8

Isental und Hallertau

TOUREN-CHECK

DAUER

4 Stunden

LÄNGE

196 Kilometer

WAS SIE WISSEN SOLLTEN

Flott geht es durchs Land. Für Rennsemmeln finden sich immer wieder Teilstrecken, die man ausnutzen kann. Kurvenreiche Stre-ckenabschnitte sind für jeden Geschmack dabei.

SCHWIERIGKEIT

Auch wenn die weitläufige Landschaft zu meditativem Gleiten einlädt, sollte die Aufmerksamkeit nicht nachlassen.

DIE DEUTSCHE HOPFENSTRASSE

Freunde des Gerstensaftes können entlang der Hopfenstraße, die durch sanft welliges Hügelland führt, so ziemlich alles über ihr Lieblingsgetränk erfahren. Zahlreiche Museen informieren im größten Hopfenanbaugebiet der Welt über die Geheimnisse der Braukunst. Nicht versäumen sollte man einen Bummel durch die gotische Innenstadt von Landshut.

Wir verlassen **Wasserburg** frühmorgens, wenn der Tau noch auf den Blättern liegt und die Sonne sich gerade durch die Nebelschlieren, die über den Inn kriechen, durchkämpft. Jeder Schritt in den verwinkelten Gassen, die flankiert sind von alten Gemäuern stolzer Bürgerhäuser, bringt uns die Geschichte näher. Die romantische Landschaft um Wasser-

»Fluchkraut« wird er auch genannt: der höchst empfindliche Hopfen.

Raubtiertauglich: mit Triumph Tiger Explorer in der Hallertau

burg versüßt den Abschied ein klein wenig. Die **Deutsche Ferienstraße Alpen-Ostsee** führt durch sanftes Hügelland nach **Haag in Oberbayern**. Dort bleibt der Blick an einem wuchtigen 43 Meter hohen Bergfried hängen, mitten im schattigen Schachenwald. Hier ließen sich die raubeinigen Burgherren Hunigo de Haga oder Gurro de Hage nieder und starteten von dort ihre Eroberungszüge. Die Geschichte kann heute im Museum zur Geschichte der Freien Grafschaft Haag erfahren werden, das in den Mauern der Burganlage beherbergt ist.

Auf der B 15 erreichen wir flotten Ganges einen hübschen, gefälligen Ort: **St. Wolfgang**, dessen gleichnamiger Kirchenbau hoch über der Straße thront. Der romanische Tuffsteinturm wird gekrönt von einem Spitzhelm. Was aber der Erwähnung bedarf, ist der Fels, der sich im Inneren befindet: Als roter Marmor wölbt er sich im Altarbereich aus dem Boden. Ihm werden wunderbare Heilkräfte nachgesagt, vor allem gegen Gliederschmerzen. Die Öffnung des Felsens ist vom vielen Durchschlüpfen menschlicher Leiber glatt poliert.

Freie Fahrt: unterwegs im Münchner Nordosten

Malerische grüne Birkenalleen und das blaugrüne Nass der Isen kennzeichnen das **Isental**, in dem auch der Ort Dorfen liegt. Nach dem Willen einiger Politiker ist das wundersame Isental jedoch vom Ausbau der A 94 bedroht, und dann gibt es auch keine Schwammerl mehr zu suchen, die hier zuhauf zu finden sind und in den urbayerischen Gasthöfen, z. B. in **Dorfen**, verkostet werden. Die ehemals keltische Siedlung hat sich zum Mittelpunkt des Isentals entwickelt und überzeugt durch seinen bayerischen Charme, den vor allem der alte Kern ausstrahlt.

LANDSHUTER HOCHZEIT

Die Wittelsbacher Herzogstadt **Landshut** nimmt uns in ihrer gotischen, arkadengeschmückten Altstadt auf. Malerisch liegt Landshut an der Isar und verbreitet italienisches Flair. Hier geht alle vier Jahre die Post ab, wenn die Stadt zum größten historischen Fest Deutschlands einlädt. Drei Wochen lang versetzt die »Landshuter Fürstenhochzeit von 1475« Einheimische und Gäste in einen Festtaumel. In der authentischen Kulisse der Altstadt unter der Burg Trausnitz kommt die mittelalterliche Atmosphäre voll zur Geltung.

Über 2000 Mitwirkende schlüpfen in originalgetreue Kostüme und inszenieren ein prachtvolles Spektakel. Das riesige Fest erinnert an die Hochzeit der polnischen Königstochter Hedwig mit dem Landshuter Herzog Georg dem Reichen im Jahr 1475, zu der damals auch der mächtigste Mann des christlichen Abendlandes kam, Friedrich III. Das schaurig-schöne Mittelalter hat wohl seinen Charme, obwohl in dieser finsteren Zeit Hexenprozesse stattfanden, die Pest grassierte und die einfachen Leute unter ihrem Frondienst und den Fehden zwischen dem Adel litten. Landshut hat aber auch abseits dieses Festes Erlebniswert; die mittelalterlich-aristokratische Atmosphäre und attraktive Veranstaltungen lohnen immer einen Besuch. Als Wahrzeichen gilt die Martinskirche mit dem höchsten Ziegelturm der Welt.

BIER UND BAROCK

Die Seele dürstet, und so ist **Mainburg**, das Herz des deutschen Hopfenanbaugebiets **Hallertau**, ein idealer Anzie-

Dorf-Idylle: das historische Zentrum von Dorfen

hungspunkt. Der Hopfen bestimmt im ehemaligen »Castrum Mainberchen« das Leben und Handeln der Menschen auch über die Stadtgrenzen hinaus. Durch die Amperaue und Zolling erreichen wir **Haag an der Amper**.

Falls der Besuch der Schlossallee zu Müdigkeit und Abgeschlafftheit führt, empfiehlt sich ein Besuch in der **Therme Erding**, die die Südsee nach Bayern gebracht hat. Im Sommer genießt man karibisches Flair »Open Air«, im Winter wird die riesengroße Kuppel geschlossen. Die altbayerische Herzogstadt **Erding** liegt in der hügeligen Landschaft um Wartenberg und Isental und hat einiges zu bieten. Die ehemalige Gerichtschreiberstadt ist reich an imposanten und attraktiven Bauten wie z. B. der dem mit einer barocken Haube verzierten Schönen Turm oder der gotischen Kirche St. Johann. Bevor wir München erreichen, rauschen wir an **Ismaning** vorbei; zur Vesper könnte man hier im schönen Biergarten des »Gasthofes zur Mühle« halten.

Dienstmoped? Ob eine davon dem Bürgermeister gehört?

Reichertshofen
Mainburg
Sandelzhausen
Wolnzach
Dingolfing
Au in der Hallertau
Arth
Ergolding
Reisbach
Schroben-hausen
Pfaffenhofen a.d. Ilm
Altdorf
Landshut
Vilsbiburg
Ganghofen
Haag an der Amper
Moosburg a.d. Isar
Zolling
Langenbach
Freising
Petershausen
Neumarkt-Sankt Veit
Taufkirchen (Vils)
Markt Indersdorf
Erding
Dorfen
Dachau
Mühldorf am Inn
Altötting
Ober-schleißheim
Garching
Ismaning
Sankt Wolfgang
Waldkraiburg
Unter-föhring
Speichersee
Haag in Oberbayern
Garching an de Alz
Fürstenfeldbruck
MÜNCHEN
Germering
Vaterstetten
Ebersberg
Wasserburg am Inn
Unterhaching
Gauting
Grafing bei München
Trostberg
Grünwald
Paar
Ilm
Abens
Amper
Glonn
Maisach
Würm
Isar
Große Laaber
Kleine Vils
Große Vils
Vils
Rott
Isen
Inn
Alz
A40
A9
B64
B241
L1212
St2007
A93
B301
St2049
B299
E53
A92
St2327
B300
St2085
St2083
B20
B11
B13
St2054
B15
B388
St2084
St2047
E45
St2086
A8
E52
B471
B12
St2331
B2
E54
St2063
B304
A96
A995
A99
A95
E533
St2072
St2091
St2357
St2106
St2359
Route
10 km

INFORMATION

Tourismusregion Erding e.V.
Landshuter Straße 12
85435 Erding
Tel. 08122/55 84 88
www.erding-tourist.de

Fremdenverkehrsamt Erding
Landshuterstr. 1
85432 Erding
Tel. 08122/40 80

UNTERKUNFT

Hotel Lerner
Vöttinger Straße 60
85354 Freising
Tel. 08161/916 46
www.hotel-lerner.de

Hotel Landshuter Hof
Löschenbrandstraße 23
84032 Landshut
Tel. 0871/962 72-0
www.landshuter-hof.de

Gasthof Seidlbräu
Liebfrauenstr. 3
84048 Mainburg
Tel. 08751/862 90
www.seidlbraeu.de

Wirt z' Annabrunn
Annabrunn 4
84419 Obertaufkirchen
Tel. 08082/18 47
www.wirt-annabrunn.de
Mit Freibad. Für Motorradfahrer: überdachte Stellplätze, Trockenraum, Zeltplätze

Gasthaus Huberwirt
Salzburger Str. 25
83512 Wasserburg
Tel. 08071/74 33
www.huberwirtamkellerberg.de
Mit Restaurant und einer eigenen Kegelbahn

ESSEN & TRINKEN

Gasthof Goldene Sonne
Neustadt 520
84028 Landshut
Tel. 0871/925 30
www.goldenesonne.de
Die Goldene Sonne ist eines der ältesten Gasthäuser in Landshut. Franz Josef Strauß war auch schon dort. Spezialität des Hauses: Tauben.

SEHENSWERT

Therme Erding
Thermenallee 1
85435 Erding
Tel. 08122/55 00
www.therme-erding.de

Deutsches Hopfenmuseum Wolnzach
Elsenheimerstraße 2
85283 Wolnzach
Tel. 08442/75 74
www.hopfenmuseum.de
Öffnungszeiten: Di–So 10–17 Uhr

Zerbrechlich: erstaunliche Glaskunst im Bayerischen Wald

Ein Abstecher von Au i. d. Hallertau ins nahe gelegene Wolnzach lohnt sich für alle, die mehr über den Hopfen erfahren wollen. Das Deutsche Hopfenmuseum informiert über alle Aspekte dieser zentralen Zutat guten Bieres.

VERANSTALTUNGEN

Erdinger Herbstfest
Wenn das Oktoberfest in München beginnt, haben die Erdinger ihr Herbstfest längst gefeiert. Jedes Jahr zum Ausklang des Sommers heißt es in der letzten Augustwoche »O'zapft is«!

EINKAUFEN

Bauernmarkt
Jeweils freitags, ganzjährig im Forsterstadl, Flutkanal 1b. Öffnungszeiten: 12–16 Uhr

Dorfen
An den Marktsonntagen folgender Märkte haben auch die Geschäfte im Innenstadtbereich geöffnet: Mittefastenmarkt, Grasmarkt, Gallimarkt und Martinimarkt. Marktbeginn: jeweils 8 Uhr, Marktende: im Sommer 18 Uhr, im Winter 17 Uhr.

Mainburg
Märkte (jeweils mit verkaufsoffenem Sonntag):
Fastenmarkt am zweiten Sonntag während der Fastenzeit,
Eisenmarkt am vierten Sonntag nach Ostern,
Kirschmarkt (mit Hopfenfest) am zweiten Sonntag im Juli,
Gallimarkt (mit Volksfest) am zweiten Sonntag im Oktober und dem darauf folgenden Montag

Unterwegs zu den »Waldlern«: Schon die Anreise ist ein fahrerischer Genuss.

TOUR 9
Bayerischer Wald

TOUREN-CHECK

DAUER
3 Stunden

LÄNGE
141 Kilometer

WAS SIE WISSEN SOLLTEN
Kurztrips in den Bayerischen Wald lohnen sich. Der Wald lockt mit wunderbar einsamen und gut ausgebauten Straßen. »Rennsemmeln« und Genuss-Tourer – im Wald gibt's für jeden Geschmack etwas. Nur, auf den Bundesstraßen kontrolliert die Polizei gerne …

SCHWIERIGKEIT
Breit und flach liegt das Donautal vor den Bergen des Bayerischen Waldes. Entsprechend gering ist der Schwierigkeitsgrad dieser Strecke.

WÄLDER UND MALERISCHE WINKEL

Die Donau ist der Leitfaden dieser Tour. Wie die Perlen einer Kette reihen sich die Stationen entlang des Stroms: Das kosmopolitische Regensburg, die Bajuwarenstadt Straubing, Deggendorf, das Tor zum bayerischen Wald, und schließlich die Dreiflüssestadt Passau.

Die mittelalterliche Stadt **Regensburg** bietet eine reiche Schau an malerischen Winkeln und romantischen Plätzen. Im Jahr 179 n. Chr. gründeten die Römer ihr Lager Castra Regina. Beim Gang durch die mittelalterlichen Gassen wird diese Zeit wieder lebendig. Hoch ragen die Türme der enormen Hausburgen in den Himmel und konkurrieren mit den imposanten Turmhelmen des Domes.

Herrlich! Anfang Mai im Bayerischen Wald – die Farben explodieren.

Ganzjährig eine Reise wert: Regensburg mit seiner Altstadt

ROMANTISCHES REGENSBURG MIT KULTURELLEN HIGHLIGHTS

Die historische Altstadt beherbergt einen der ältesten und traditionsreichsten Plätze von Regensburg – den Haidplatz. Er hat seinen Ursprung in einer lang gestreckten dreieckigen Wiese westlich des ehemaligen Römerkastells. Seit Jahr und Tag feiern die Regensburger hier rauschende und spektakuläre Feste. In vergangenen Zeiten waren es Ritterspiele, heute finden ein Jazzfestival oder sommerliche Feste statt. Während des Jahres bieten Kunsthandwerker ihre Schätze feil und der Regensburger Kultursommer schließlich tut ein Übriges, den Haidplatz zur Flaniermeile für Einheimische und Touristen zu machen.

Zur Erholung vom vielen Schauen kann man sich in der Historischen Wurstkuchl an der Steinernen Brücke stärken oder im Biergarten des Bischofshofs erfrischen. Hier im Biergarten ist eine Darstellung des Fuchses zu sehen, der als Pfarrer verkleidet ist und so lange den Gänsen predigt, bis diese einschlafen und er sich in Ruhe die fetteste Gans zum

Verspeisen aussuchen kann. Der Rast in mediterraner Atmosphäre folgt sportliche Aktivität. Zumindest dann, wenn man die 358 Stufen zur **Walhalla** hochsteigt, die sich hinter **Donaustauf** über dem linken Donauufer erhebt. Der Marmortempel wurde im Auftrag König Ludwigs I. nach dem Vorbild des Pantheon in Athen erbaut. Im Innern sind Büsten zur Ehre bedeutender deutscher Persönlichkeiten aufgestellt. Nicht ganz so anstrengend ist der Besuch des nahen Benediktinerklosters von Metten, dessen Klosterkirche mit ihren weithin bekannten Malereien für Kulturreisende ein Muss ist. Doch noch vor Metten erwartet uns geschichtsträchtiger Boden bei **Straubing**.

KELTISCH-BAJUWARISCHES STRAUBING

Das beschauliche Land und die stimmungsvolle Donau führen uns leicht beschwingt nach **Straubing**, die Herzogstadt mit wechselvoller Geschichte, die mitten im fruchtbaren Gäuboden liegt, der ebenso geschichtsträchtig ist. Straubing wurde bereits vor 1100 Jahren erstmals urkundlich erwähnt, doch die Spuren reichen weit bis ins 6. Jahrhundert

Uralte Tradition: Totenbretter erinnern an Verstorbene.

Mundgeblasen: Viel Sehenswertes erwartet uns entlang der Glasstraße.

Perfekter Einkehrschwung: Zentrum von Deggendorf

v. Chr. zurück. Beeindruckende Bauten und der berühmte Römerschatz im Gäubodenmuseum dokumentieren dies vortrefflich.

Alle vier Jahre werden im Hof des Herzogschlosses die Agnes-Bernauer-Festspiele aufgeführt. Ein schaurig-schönes Volksspiel erinnert an die tragische Liebesgeschichte der Augsburger Baderstochter, die 1435 als nicht genehme Schwiegertochter vom herzoglichen Schwiegervater als Zauberin verurteilt und in der Donau ertränkt wurde.

Kultur hat auch in Straubing Tradition, und so findet neben zahlreichen Konzerten und zünftigen Bauerntheatervorstellungen alljährlich im August die fünfte Jahreszeit statt: das Gäubodenvolksfest. Es ist das zweitgrößte Volksfest in Bayern, mit sieben Festzelten und einem großen Vergnügungspark.

DAS GLÄSERNE HERZ OSTBAYERNS

ECKERT BÄRWURZ

Die älteste Bärwurzdestille zeigt die Herstellung des würzig-milden Wurzelgeistes: Brennerei zum Bären in Deggendorf. Weitere Infos: Tel. 0991/220 44, www.eckert-baerwurz.de

Durch die Kornkammer Bayerns, den Gäuboden, geht es nach **Deggendorf**, eine Stadt, die eingebettet liegt inmitten des schattigen Grüns des Bayerischen Waldes. In dem riesigen Waldgebirge leben die Menschen von der Forst- und Holzwirtschaft sowie von der Glasindustrie. Im nahen Zwiesel befindet sich das Zentrum der Glasproduktion. Clever wie Touristenmanager nun einmal sind, kann man auf einer der jüngsten Ferienstraßen – der **Glasstraße** – das gläserne Herz der Region um Zwiesel und Regen und die produzierenden Glashütten besichtigen. Heiß und zäh wie Honig fließt die Glasmasse von der Glasmacherpfeife in die vorbereiteten Holzmodel und verwandelt sich dank der Kunstfertigkeit der Glasmacher in filigrane gläserne Kostbarkeiten.

So wie Glas die Region um Zwiesel bestimmt, so bestimmt Wasser die Stadt **Deggendorf**. Die »Pforte zum Bayerischen Wald«, wie die Stadt genannt wird, ist einmalig

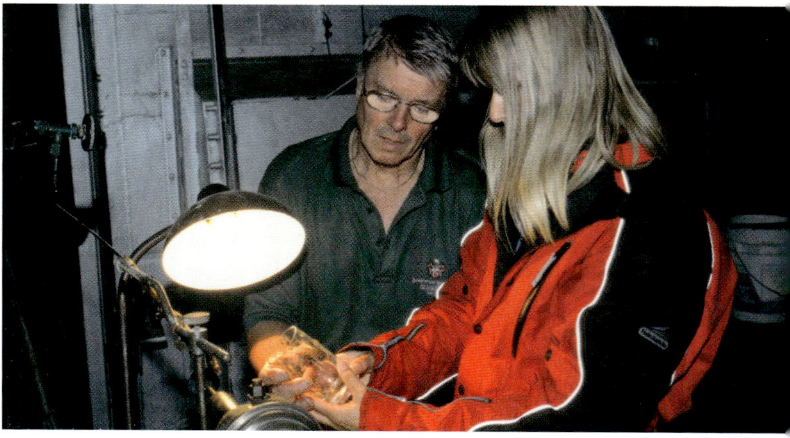

Nur für ruhige Hände: Glasschleifen in Zwiesel

durch ihre Höhenlage, ihre Sehenswürdigkeiten und Naturerscheinungen. Die hier noch frei fließende Donau und die Ufer der Isar tragen mit ihrer Flora und Fauna viel dazu bei. Einen traumhaften Blick auf die Donau, die Vorberge des Bayerischen Waldes und bei schönem Wetter bis in die Alpen bietet ein Ausflug auf den **Geiersberg**. Nebenbei verspricht die dortige Kneippanlage Erholung für den geschundenen Leib. Ganz anderer Art beflügelt der Wundertrank des Mittelalters – der Bärwurz.

Wir bleiben dem nassen Element treu und nähern uns der Dreiflüssestadt **Passau**, deren einzigartige Lage und die damit verbundene Berühmtheit einem Ausnahmefall der Natur zu verdanken ist: Aus drei Himmelsrichtungen kommen Flüsse an: aus dem Norden die Ilz, aus dem Westen die Donau und aus dem Süden der Inn. Genau in Passau treffen sie aufeinander und fließen vereint in die vierte Himmelsrichtung, nach Osten, weiter.

Drei Flüsse plus Lebensfreude: Auch Passau lohnt einen Rundgang.

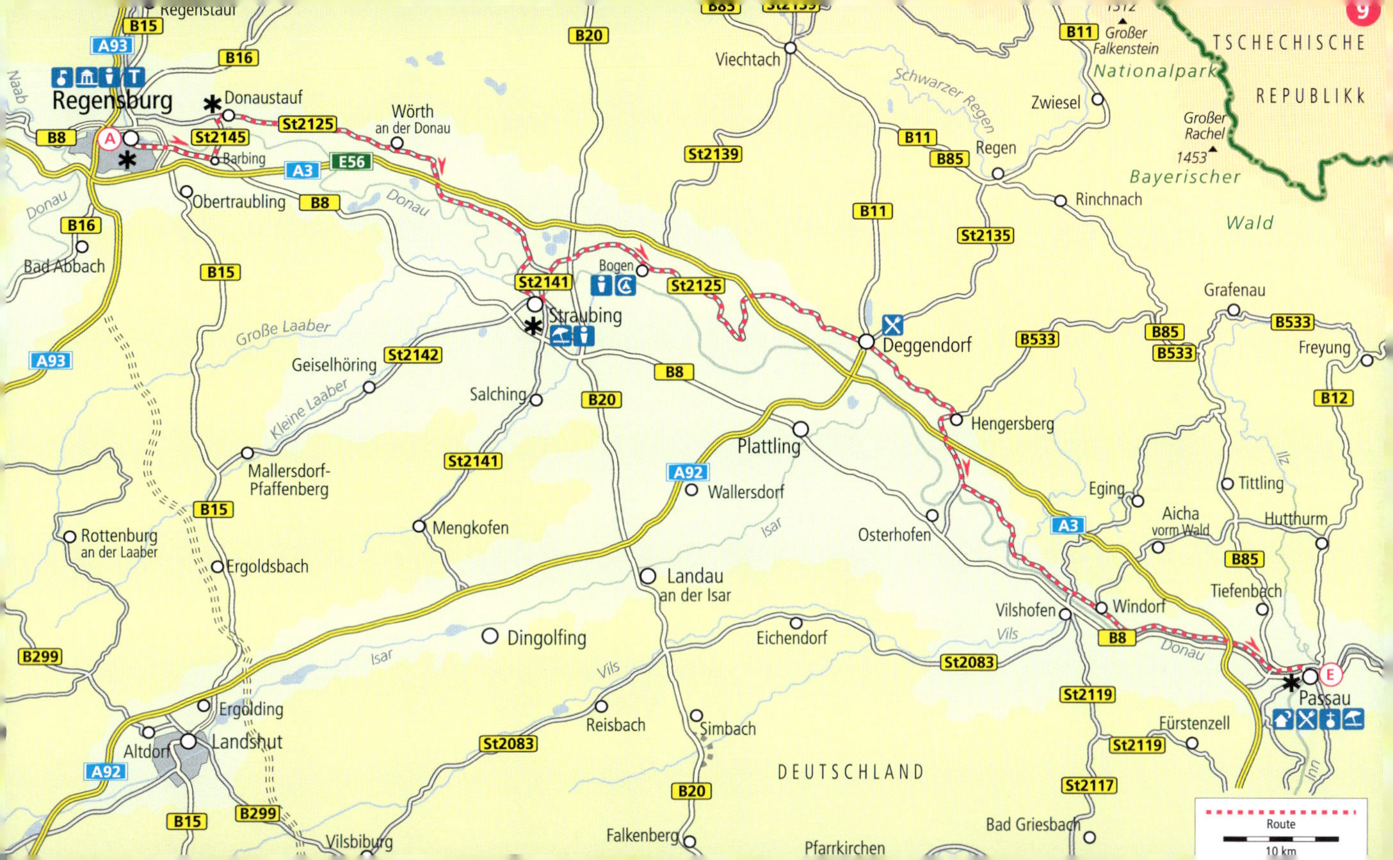
9
TSCHECHISCHE REPUBLIKk
Nationalpark Bayerischer Wald
Großer Falkenstein
Großer Rachel 1453
Regensburg
Donaustauf
Wörth an der Donau
Barbing
Obertraubling
Bad Abbach
Viechtach
Schwarzer Regen
Zwiesel
Regen
Rinchnach
Straubing
Bogen
Deggendorf
Grafenau
Freyung
Geiselhöring
Große Laaber
Kleine Laaber
Salching
Mallersdorf-Pfaffenberg
Mengkofen
Rottenburg an der Laaber
Ergoldsbach
Plattling
Wallersdorf
Hengersberg
Osterhofen
Eging
Tittling
Aicha vorm Wald
Hutthurm
Ilz
Landau an der Isar
Isar
Dingolfing
Eichendorf
Vilshofen
Vils
Windorf
Tiefenbach
Donau
Passau
Inn
Ergolding
Landshut
Altdorf
Reisbach
Simbach
DEUTSCHLAND
Fürstenzell
Bad Griesbach
Falkenberg
Pfarrkirchen
Vilsbiburg
Naab
Route
10 km

INFORMATION

Tourismusverband im Landkreis Kelheim e.V.
Donaupark 13
93309 Kelheim
Tel. 09441/207 73 30
www.tourismus-landkreis-kelheim.de

Tourist-Info Amberg
Hallpl. 2
92224 Amberg
Tel. 09621/10–239
www.tourismus.amberg.de

Tourismusverband Ostbayern e.V.
Im Gewerbepark D 02/D 04
93047 Regensburg
Tel. 0941/58 53 90
www.ostbayern-tourismus.de

UNTERKUNFT

Hotel Höttl
Luitpoldplatz 22
944469 Deggendorf
Tel. 0991/371 99 60
www.hoettl.de
Abschließbarer Stellplatz

Landgasthof Hammermühle
Thiergartenstraße 1
93093 Donaustauf
Tel. 09403/968 40
www.hammermuehle-donaustauf.de

Altstadt-Hotel
Bräugasse 23–29
94032 Passau
Tel. 0851/33 70
www.altstadt-hotel.de

Hotel Orphee
Untere Bachgasse 8
93047 Regensburg
Tel. 0941/59 60 20
www.hotel-orphee.de

ESSEN & TRINKEN

Brauerei-Gaststätte Kneitinger
Arnulfsplatz 3
93047 Regensburg
Tel. 0941/524 55
www.knei.de

SEHENSWERT

Befreiungshalle Kehlheim
Befreiungshallestr. 3
93309 Kelheim
Tel. 09441/68 20 70
www.schloesser.bayern.de
Öffnungszeiten:
April–Okt.: tägl. 9–18 Uhr
Nov.–März: tägl. 9–16 Uhr

Weinfurtner Glasdorf
Zellertalstraße 13
93471 Arnbruck
Tel. 09945/941 10
www.weinfurtner.de
Öffnungszeiten:
Mo–Fr 9–18 Uhr, Sa 9–17 Uhr

Im Bayerischen Wald zwischen Kötzting und Bodenmais liegt der Ort Arnbruck. Hier befindet sich das Weinfurtner Glasdorf mit Verkaufsräumen und Ausstellungen, der Galerie Kunst & Form und zwei Gastronomiebetrieben.

Die Kunst des Reisens: Fähre auf der Donau bei Regensburg

VERANSTALTUNGEN

Schifffahrten auf der Donau
Regensburger Personenschifffahrt Klinger GmbH
Werftstr. 8
93059 Regensburg
Tel. 0941/52104
www.schifffahrtklinger.de

Stadt-Marathon Regensburg
Sonntag nach Christi Himmelfahrt (Mai)

Frühjahrsdult (Pfingsten)/
Herbstdult (Ende August)
Dauer jeweils 14 Tage;
Dultplatz/Oberpfalzbrücke

Bürgerfest
Im zweijährigen Turnus
Juni/Juli

Bayerisches Jazz-Weekend
Im Juni/Juli in der Altstadt

Musikfestival im Villapark
Vor den Sommerferien. Konzerte mit ausgewählten Gruppen (Rock- und Folkmusik)
www.villaparkfestival.de

Regensburger Kurzfilmwoche
Mit Partys, Netzwerktreffen, Vorträgen und Filmen!
www.kurzfilmwoche.de

Christkindlmarkt
Alljährlich am Neupfarrplatz (Nähe Dom St. Peter); Eröffnung jeweils am Freitag vor dem 1. Advent 17 Uhr, bis 23. Dezember

Lucrezia-Markt
Weihnachtsmarkt der Kunsthandwerker, Anfang Dezember bis 23. Dezember; Haidplatz
www.lucrezia-markt.de

Weihnachtskonzerte der Regensburger Domspatzen
Auditorium maximum,
Universität

Berühmt: Kletterfelsen und Fluss im Altmühltal

TOUR 10
Altmühltal

TOUREN-CHECK

DAUER
5 Stunden

LÄNGE
233 Kilometer

WAS SIE WISSEN SOLLTEN
Der bayerische Grand Canyon bietet kurvige Straßen, die manchmal eng werden und zur Vorsicht mahnen. Insgesamt aber gute Straßenführung und ein Belag, der zügiges Fahren erlaubt.

SCHWIERIGKEIT
Die Kurven des Altmühltals müssen den Vergleich mit alpinen Strecken nicht scheuen. Also: Im Zweifel lieber etwas behutsam mit der Gashand.

ENGE TÄLER UND WEITE HÖHEN

Über weite Hochebenen und durch enge Täler führt diese Tour einmal quer durch die Erdgeschichte. Das Nördlinger Ries, ein mächtiger Meteoritenkrater, gewährt ebenso faszinierende Einblicke in die Geologie wie das tief in die Jurafelsen eingeschnittene Altmühltal.

Die Tour beginnt am Rand des **Nördlinger Ries**, in **Harburg**. Überall in der Stadt finden sich stille, verträumte Winkel mit reich verzierten Fachwerkfassaden, die uns in vergangene Zeiten zurückversetzen. Nicht zu Unrecht sind die Harburger stolz auf ihr »Kleinod der Romantik«. Die Harburg, steinerne Namensgeberin, ist eine der besterhaltenen Bur-

Mitfahrgelegenheit – nein Danke: Begegnung am Main-Donau-Kanal

gen Deutschlands, deren Entstehung auf das 12. Jahrhundert zurückgeht. Die betagte, aus Steinen zusammengefügte Brücke, die über die Wörnitz führt, macht das Bild perfekt.

NÖRDLINGER RIES KRATERMUSEUM

Erfahren Sie mehr über das Ries und besuchen Sie das Nördlinger Ries Kratermuseum, in dem auch ein Brocken Mondgestein zu besichtigen ist. Weitere Infos unter Tel. 09081/84710, www.rieskrater-museum.de

DAS NÖRDLINGER RIES

Das **Ries** ist ein Unikat, dessen geologische Formation durch den Einschlag eines riesigen Meteoriten vor ca. 15 Mio. Jahren entstanden sein soll. Mit unvorstellbarer Gewalt verursachte der Meteorit ein prähistorisches Inferno, das zunächst Flora und Fauna vernichtete. Zugleich entstand ein enormer See, dessen Verlandung später den Menschen fruchtbares Ackerland schenkte. Heute ist das Ries ein Eldorado für Hobbygeologen und Botaniker. Selbst die NASA sandte ihre

Besatzungen zur Vorbereitung in die außerirdische Schönheit dieser Landschaft.

AM KRATERRAND

Zwischen zwei Welten liegt die malerische Ortschaft **Wemding**: Zum einen befindet sich hier die flache Ebene des Ries und zum anderen die reiche Mittelgebirgslandschaft des fränkischen Jura im Naturpark **Altmühltal**. Die mittelalterliche Ortschaft verfügt über liebevoll restaurierte Wehr- und Tortürme, am Marktplatz beherrschen die imposanten Bürgerhäuser mit ihren Giebeln den Blick. Aber auch die beschauliche Bilderbuchlandschaft des Altmühltals, die sich von Gunzenhausen im Westen bis **Kelheim** im Osten ausbreitet, lockt die Biker.

Das Altmühltal als Motorrad-Tourenrevier? Uneingeschränktes Ja.

Ziemlich voll mit Pokemons: Treuchtlingen und sein Schloss

WEITE BAUERNLANDSCHAFT UND JURAFELSEN

Gunzenhausen hat sich in den letzten Jahren zur »Metropole« entwickelt, was allein die Lage zwischen Altmühlsee und Brombachtalsperre bewirkte. Die weite Landschaft und die sichtbare Geschichte im Stadtkern vereinen sich hier vortrefflich. Doch die Geschichte ist hier nicht nur sichtbar, sondern auch erlebbar. Wer Lust hat, auf den Spuren der Römer zu wandeln, tourt über die **Deutsche Limesstraße**, die bei Aalen beginnt und über Gunzenhausen, Weißenburg, **Eichstätt** bis zum Ende des berühmten Grenzwalls nach Eining an der Donau und nach **Regensburg** führt.

Es gibt wenig, was vom gemächlichen Fahren ablenkt. Fichtenwälder und einzelne Büsche, sorgsam in die Ebene gesetzt, lassen den Blick schweifen. Erst bei **Treuchtlingen** sorgt der Karlsgraben für Aufmerksamkeit. Karl der Große hatte 793 das Wagnis versucht, die Flüsse Altmühl und Rezat durch einen Graben zu verbinden. Damit wäre es möglich gewesen, eine Verbindung zwischen Rhein und Donau herzustellen, sodass man von der Nordsee bis zum Schwarzen Meer hätte gelangen können. Doch das Unterfangen war zu gewaltig und wurde nicht vollendet. Abenteuer anderer

Reich gesegnet:
Eichstätt im Herzen
des Altmühltales

Art suchen heute Kletterer, die bei **Eichstätt** die steilen Wände der Jurafelsen bezwingen wollen. Da loben wir uns die Bodenhaftung von zwei Reifen, die uns über schmale Straßen durch die Heidelandschaften führen.

DIE »DIETFURTER CHINESEN«

Zwischen sieben Juratälern liegt **Dietfurt**, durch dessen Straßen und Gassen zur Faschingszeit der Ruf »Kiliwau« ertönt, statt Helau oder Alaaf. Eine chinesische Nationalhymne wurde geschrieben und jedes Jahr feiern die Dietfurter einen chinesischen Nationalfeiertag und obendrein steht noch ein Chinesenbrunnen vor dem Rathaus. Niemand weiß genau, wie lange Dietfurt den Beinamen China trägt, doch bereits im »Kalender für katholische Christen auf das Schaltjahr 1860« wurden die Dietfurter als solche bezeichnet. Die Dietfurter nehmen den Beinamen gelassen, schließlich stand die chinesische Kultur in ihrer Blüte, als Europa noch von Sumpf und Wäldern bedeckt war und die Menschen mitsamt ihrem Vieh in unwirtlichen Behausungen lebten.

DER BAYERISCHE GRAND CANYON

Auf kurvigen Straßen geht es an der Altmühl entlang. Burganlagen drängen sich ins Bild. Einen Glanzpunkt setzt hier

Richtig abgebogen: auf Abwegen im Oberen Altmühltal

SCHIFFFAHRT IM ALTMÜHLTAL

Von April bis September ist ein Linienverkehr von Kelheim über Riedenburg nach Beilngries eingerichtet und lädt dazu ein, die Seele baumeln zu lassen. Infos unter Tel. 09441/58 58, www.schiffahrt-kelheim.de

die **Burg Prunn** bei **Riedenburg**, die modellhaft für Ritterburgen imposant auf 70 Metern Höhe steht. Wahrzeichen ist jedoch der mächtige Bau der Rosenburg, in der heute der Falkenhof mit Burg- und Falkenmuseum untergebracht ist. Als malerische Ruinen grüßen die Burgen Rabenstein und Tachenstein hinunter nach Riedenburg, das sich beiderseits der Altmühl erstreckt. Weithin sichtbar, auf dem Michelsberg, steht das Wahrzeichen Kelheims: die Befreiungshalle, die Ludwig I. als Monumentaltempel errichten ließ, als »Andenken an die Befreier Deutschlands aus dem napoleonischen Joch ...«.

Kelheim ist ideal als Ausgangspunkt für Ausflüge: zu Fuß zum »Klösterl« oder zur Befreiungshalle und per Schiff auf dem Main-Donau-Kanal ins Altmühltal. Im nahen **Essing** überquert man auf der längsten Holzbrücke Europas den Altmühlkanal. Die 193 Meter lange Holzspannbrücke, bei der 90 Prozent der Last von der Spannung der ungewöhnlichen Konstruktion getragen werden, wurde 1987 gebaut und ist für jeden Altmühltal-Touristen eine Attraktion.

Zu empfehlen: Brauereigasthof Schwan in Riedenburg

Ansbach
Windsbach
Merkendorf
Abenberg
Roth
Allersberg
Neumarkt
Spalt
Hilpoltstein
Freystadt
Parsberg
Burglengenfeld
Regenstauf
Großer Brombachsee
Röttenbach
Gunzen-hausen
Unterwurmbach
Unter-asbach
Pleinfeld
Thalmässing
Berching
Hemau
Regensburg
Wasser-trüdingen
Weissenburg
Beilngries
Dietfurt
Riedenburg
Bad Abbach
Kehlheim
Kipfenberg
Oettingen
Treuchtlingen
Pappenheim
Solnhofen
Eichstätt
Wemding
Nördlingen
Harburg (Schwaben)
Abensberg
Neustadt an der Donau
Vohburg
Ingolstadt
Neuburg an der Donau
Donauwörth
Geisenfeld
Rottenburg an der Laaber
Mainburg
Altmühl
Wörnitz
Donau
Zusam
Schwarzach
Weiße Laaber
Laaber
Naab
Regen
Große Laaber
Kleine Laaber
Abens
Ilm
Paar
Main-Donau-Kanal
Route
10 km

INFORMATION

Informationszentrum Naturpark Altmühltal
Notre Dame 1
85072 Eichstätt
Tel. 08421/987 60
www.naturpark-altmuehltal

UNTERKUNFT

Campingplatz an der Altmühl
An der Altmühl 24
92339 Beilngries
Tel. 08461/84 06
www.campingplatz-beilngries.de
Idyllisch direkt am Fluss gelegen

Hotel Adler
Marktplatz 22
85072 Eichstätt
Tel. 08421/67 67
www.adler-eichstaett.de

Hotel Krone
Nürnbergerstr. 7
91710 Gunzenhausen
Tel. 09831/88 33 95
www.hotel-krone.info
Eigene Parkplätze

Gasthof Dechbettener Hof
Dechbetten 11
93051 Regensburg
Tel. 0941/352 83
www.dechbettener-hof.de

ESSEN & TRINKEN

Burgkeller Schloss Rosenburg
Rosenburg 1
93339 Riedenburg
Tel. 09442/25 97
www.burgkeller-rosenburg.de
Gaststätte, Biergarten, Ritteressen in mittelalterlichem Ambiente

SEHENSWERT

Felsenkeller-Labyrinth im Hirschberg-Brauereimuseum
Bräuhausstraße 36
92339 Beilngries
Tel. 08461/10 33
Im unterirdischen Felsenkeller-Labyrinth erfährt man alles Wichtige über die Geschichte und Herstellung des Bieres.
Öffnungszeiten:
April–Okt.: So ab 10.30 Uhr
August: Do, So ab 10.30 Uhr

Kloster Weltenburg mit Donaudurchbruch
Asamstr. 32
93309 Kelheim
Tel. 09441/675 70
www.klosterschenke-weltenburg.de
Der Donaudurchbruch wurde zum UNESCO-Naturdenkmal erkoren. Das Kloster in seiner barocken Pracht ist ebenfalls eine Schau; täglich geöffnet.

Familientauglich: Kanufahren auf der Altmühl ist ein Spaß für alle.

VERANSTALTUNGEN

Endurotraining in Warching
Wochenendkurs, auch für Fahrer von Zweizylindern geeignet. Findet zweimal pro Jahr statt.
www.roadbooktouren.de

Klettern im Altmühltal
Die Kletterhänge des Jura haben Schwierigkeitsgrade von V bis X. Kondition und Können sind also gefragt. Leichtere Touren gibt es bei Eichstätt. Information und Kartenmaterial beim Alpenverein:
www.alpenverein.de
oder beim Szenetreff der Kletterer: Felsenwastlwirt,
Tel. 09447/362

Spielbank Kötzing
Untere Au 2
93444 Kötzing
Tel. 09941/944 80
www.spielbanken-bayern.de
Die Spielbank liegt im Nordosten von Regensburg und ist das neueste Kasino in Bayern. Black Jack, Poker etc. – alles ist geboten. Krawatte ist Pflicht!

EINKAUFEN

Einkaufen auf dem Bauernhof
Mojerhof Spreng
Eichstätter Str. 9
85111 Adelschlag
Tel. 08424/275
Jungbullenfleisch, Rindersalami, Rotwildfleisch

Forster Michael
Schulstr. 9
93336 Altmannstein
Tel. 09446/12 85
www.hopfenerlebnishof.de
Hopfenprodukte und hausgemachte Wurst

REGISTER

Voller Einsatz: Einen Heuballen zu besteigen ist gar nicht einfach.

P.S.: DA FÄLLT MIR NOCH WAS EIN!

Im Zuge der allgemeinen Retrowelle boomt auch die Craft-Beer-Szene: Handwerklich orientierte Brauer sagen den Einheitsbieren der großen Konzerne den Kampf an. Der Trend kommt aus den USA, die deutsche Craft-Beer-Metropole ist Berlin.

Doch was die Adepten der neuen Bewegung in Ekstase versetzt, kann den Bayern nicht aus der Ruhe bringen. Schließlich verfügt man hierzulande traditionell über eine vielfältige Brauereilandschaft. Während andernorts in den vergangenen 50 Jahren zahllose Brauhäuser schließen mussten, konnten sich in Bayern auch kleinere Brauereien in Privatbesitz halten.

Auch wenn das Bayerische Reinheitsgebot die Zutaten für das Bier auf Hopfen, Malz, Hefe und Wasser beschränkt, ist es verblüffend, welche geschmacklichen Unterschiede ein und dieselbe Biersorte von verschiedenen Brauereien offenbart. Ganz ohne exotische Ingredienzien kann der Braumeister über die Auswahl der Hopfen- und Malzsorten und die Steuerung des Gärprozesses ein unverwechselbares Getränk kreieren.

Am besten verkostet man die bayerischen Bierspezialitäten in den Gärten der Brauereigasthöfe. Gut, dass es in diesen Häusern traditionell auch Fremdenzimmer gibt, sodass sich Interessenkonflikte zwischen Biergenuss und Kurvenspaß umgehen lassen.

Weitere Informationen unter www.bier-tour.de/bayern/oberbayern

IMPRESSUM

Verantwortlich: Kerstin Thiele
Lektorat: Christian Schneider
Layout: Elke Mader
Repro: Cromika
Kartografie: Annelie Nau / Huber Kartografie
Umschlaggestaltung: ZERO Werbeagentur
Herstellung: Anna Katavic
Printed in Italy by Printer Trento

Sind Sie mit diesem Titel zufrieden? Dann würden wir uns über Ihre Weiterempfehlung freuen. Erzählen Sie es im Freundeskreis, berichten Sie Ihrem Buchhändler, oder bewerten Sie bei Onlinekauf. Und wenn Sie Kritik, Korrekturen oder Aktualisierungen haben, freuen wir uns über Ihre Nachricht an den Bruckmann Verlag, Postfach 40 02 09, D-80702 München oder per E-Mail an lektorat@verlagshaus.de.

Unser komplettes Programm finden Sie unter www.bruckmann.de

Alle Angaben dieses Werkes wurden von den Autoren sorgfältig recherchiert und auf den neuesten Stand gebracht sowie vom Verlag geprüft. Für die Richtigkeit der Angaben kann jedoch keine Haftung übernommen werden, weshalb die Nutzung auf eigene Gefahr erfolgt. Insbesondere bei GPS-Daten können Abweichungen nicht ausgeschlossen werden.

Bildnachweis: Alle Bilder auf dem Umschlag und im Innenteil stammen von Heinz E. Studt.

Umschlagvorderseite: Tourenparadies Oberbayern: Blick vom Hohen Peißenberg hinab ins Land.

Die Deutsche Nationalbibliothek verzeichnet diese Publikation in der Deutschen Nationalbibliografie; detaillierte bibliografische Daten sind im Internet über http://dnb.d-nb.de abrufbar.

ISBN 978-3-7343-0795-9